MONTANDO SEU ESCRITÓRIO DE CONTABILIDADE

GUIA PRÁTICO E FÁCIL

ZÉLIO CABRAL

BRASIL – 1ª. EDIÇÃO - 2021

DEDICATÓRIA

Ao único que é digno de receber toda honra e toda glória, a força e o poder. Ao Deus eterno, imortal, invisível, mas real. A ele, Jesus Cristo, Deus Criador dos Céus e da Terra, que não permite que nem uma simples folha caia de uma árvore sem o seu consentimento, dedico este pequeno trabalho.

À minha esposa Lúcia Helena, aos meus filhos Thiago, Thaís Haline e Zélio Júnior.

INTRODUÇÃO

Muitos profissionais da área contábil — os de viés empreendedor — sonham em se libertar das amarras dos departamentos fiscais corporativos para abrir seu próprio negócio. Ser seu patrão, implementar os projetos que acha mais relevantes, expandir seus serviços e se tornar referência no segmento: você também nutre esse sonho? Mas já parou para pensar sobre como montar escritório de contabilidade ou mesmo quanto custa abrir um?

Este livro veio justamente para sanar suas dúvidas acerca do tema, mostrando também do que você vai precisar ao começar a trilhar seu caminho como empreendedor de sucesso. Acompanhe e aprenda, definitivamente, como montar um plano de sucesso para abrir um escritório de contabilidade com alto poder de captação e sustentabilidade no mercado!

Sucessos a todos...

Zélio Cabral
Autor do livro

Montando seu Escritório de Contabilidade

SUMÁRIO

PARTE 1 - Apresentação de Negócio

Abrir um escritório de contabilidade é um projeto de muitos profissionais, e até mesmo de estudantes que nem terminaram o curso ainda.

Para alguns é um sonho ser dono do próprio escritório de contabilidade, já para outros é a possibilidade de deixar de ser empregado para dedicar-se ao seu próprio negócio.

Seja qual for a situação, a verdade é que assim como em qualquer outro negócio, empreender no segmento de contabilidade requer características de verdadeiros empreendedores. Abrir um escritório de contabilidade não é sinônimo de sucesso, mas ter atitudes diferenciadas, comprometimento, determinação e muito profissionalismo pode ser o caminho para o reconhecimento e grandes oportunidades de negócio.

Para quem deseja atuar neste segmento é fundamental pensar sobre algumas questões:

·   Quais serão os serviços oferecidos ao mercado?

·   Seu escritório será segmentado ou generalista?

·   Qual será o público alvo?

·   Seu negócio será totalmente presencial ou com apoio virtual?

· Qual será seu diferencial com relação aos concorrentes?

Ao pensar sobre estas questões seu escritório de contabilidade começara a tomar forma e os pontos fortes e a melhorar serão evidenciados.

O trabalho diário de um contador, permite ao escritório gerar um banco de informações que são utilizadas pelos governos municipal, estadual, federal, fornecedores e o próprio empresário.

Um escritório contábil, concentra suas atividades em quatro departamentos:

1 - Departamento Contábil

Mensura as informações patrimoniais e os resultados da empresa. As informações sobre o lucro ou prejuízo serão fundamentais para que o empreendedor tome decisões estratégicas sobre o direcionamento dos negócios.

2 – Departamento Pessoal

Esta responsabilidade inclui todas as ações referentes a gestão contábil dos profissionais da empresa, tais como: documentação de admissão, demissão, direitos e obrigações, transmissão de declarações sociais etc.

3 - Departamento Fiscal

Calcula impostos e contribuições sociais devidos através do faturamento, e transmite as diversas declarações fiscais exigidas pelos diversos órgãos

4 - Departamento Societário

Alterações de contrato social, Emissão de Alvarás, Abertura de filial, Emissão de Licenças, Desembaraços burocráticos, Aumento de capital, etc.

Empreender neste segmento, exige habilitação com exame de suficiência e registro no Conselho Regional de Contabilidade do seu estado.

Na última década, com o desenvolvimento da computação em nuvem, da mobilidade e das tecnologias preditivas, o contador deixou, definitivamente, de ser um mero escriturador para se tornar parte integrante das decisões do negócio. Por isso, se você deseja ingressar na área, será preciso desenvolver competências inéditas, mas cruciais para seu sucesso no escritório de contabilidade e no setor de um modo geral.

PARTE 2 - Mercado

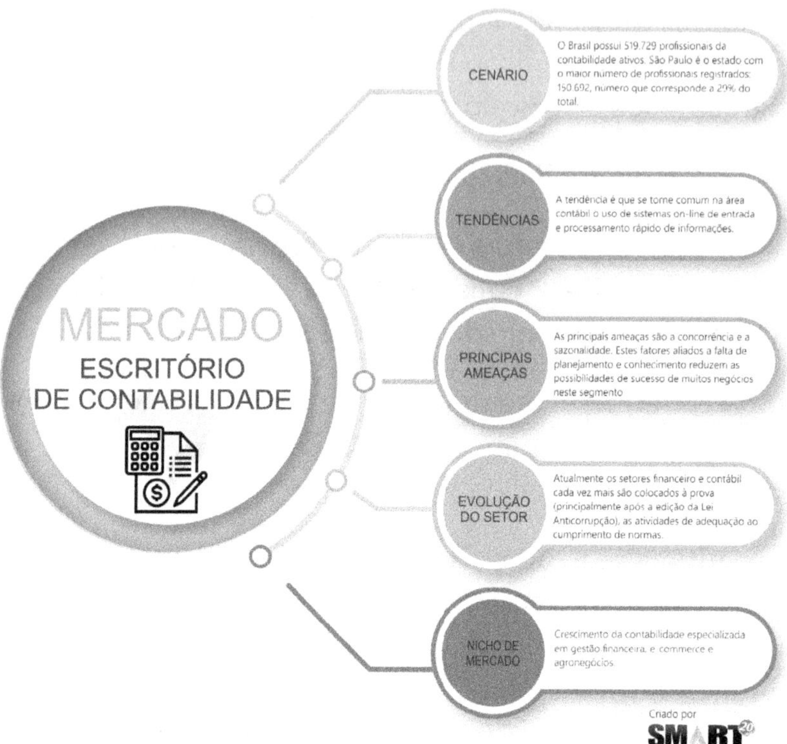

Conhecer os detalhes do mercado é muito importante para o empreendedor que deseja alcançar o sucesso em seus negócios. Isso não é diferente para quem irá atuar com um **escritório contábil.**

Todas as decisões, estratégias, gerenciamento de vendas e até mesmo ações de marketing estão diretamente ligas ao conhecimento do mercado de atuação. Portanto, quanto mais conhecer o mercado, a perspectiva do consumidor, a qualidade dos serviços e produtos, melhor será o desempenho do negócio.

As chances de sucesso aumentam quando sabemos onde estamos inseridos e quais tendências e fatores de mercado impulsionam ou impem mudanças no segmento:

Cenário

Segundo dados do **Conselho Federal de Contabilidade de 2019,** https://cfc.org.br/registro/quantos-somos-2/ o Brasil possui 519.729 profissionais da contabilidade ativos. São Paulo é o estado com o maior número de profissionais registrados: 150.692, número que corresponde a 29% do total. A maioria das organizações contábeis do país também se concentra no Estado de São Paulo. São 21.279, ou 30%, de um total de 69.778 empresas em todo o Brasil, que atendem a mais de 5 milhões de empresas.

Tendências

A tendência é que se torne comum na área contábil o uso de sistemas online de entrada e processamento rápido de informações. O objetivo será projetar aumento/redução de receitas, elevação da margem de endividamento (de acordo com flutuações de câmbio e juros), além de dados em tempo real de queda no volume de pedidos, aumento ou queda dos indicadores regionais de consumo etc. As tecnologias como Big Data também podem ser usadas no setor de compliance e auditoria, pois é importante para detectar fraudes em escriturações.

Evolução do setor

Atualmente os setores financeiro e contábil cada vez mais são colocados à prova (principalmente após a edição da Lei Anticorrupção), as atividades de adequação ao cumprimento de normas, prevenção de fraudes e exigência de padrões éticos nas ações internas/externas das corporações criaram novas demandas empresariais, exigindo dos profissionais do mercado contábil novas competências, uma delas é ser mais consultivo para tomada de decisão e ajudar o cliente a conhecer o lucro real da sua empresa com dados analíticos.

A internacionalização das empresas, bem como a necessidade de atrair investimentos estrangeiros, fez com que inúmeras organizações nacionais buscassem essa uniformização. Tornou-se inevitável, ao longo dos anos, promover mudanças legais na direção de uma maior harmonização com o que é praticado no exterior.

Perfil do profissional contábil

Neste novo cenário a pós-graduação ou cursos específicos em controladoria, auditoria, compliance e gestão de perícia contábil, é um caminho natural para muitos recém-formados em Ciências Contábeis e até mesmo para os profissionais que pararam no tempo. O novo profissional é aquele que possui expertise e, ao mesmo tempo, amplitude de visão. Perceba que o antigo profissional de visão estrábica, que só conhecia o suficiente para escriturar livros contábeis, ficou para trás. As organizações precisam de especialistas com olhar global, o que impõe multidisciplinaridade e contribuem com o planejamento estratégico. Perceba que o antigo profissional de visão estrábica, que só conhecia o suficiente para escriturar livros contábeis, ficou para trás. As organizações precisam de especialistas com olhar global, o que impõe multidisciplinaridade e contribuem com o planejamento estratégico.

Nicho de mercado

O contador moderno pode atuar em vários nichos de mercado, sendo que alguns oferecem melhores oportunidades de negócios e função do crescimento do setor no mercado atual, veja algumas opções:

- Contabilidade Financeira

Contadores também podem trabalhar com investimentos, tanto na venda ou compra de valores mobiliários quanto em outras opções de aplicações financeiras.

- E-commerce

Lojas virtuais são bastante promissoras: por consistirem em um ramo novo que está em constante expansão, os empresários ainda têm dúvidas sobre as licenças e documentos necessários para iniciar o negócio.

- Agropecuária

A agropecuária consiste em um conjunto de atividades rurais relacionadas à produção vegetal (agrícola) e à criação de animais (pecuária). Esse nicho envolve o controle eficiente e o bom gerenciamento do agronegócio.

.

Toda empresa precisa em determinado momento de um contador, mas só alcançam relevância nos negócios os escritórios de contabilidade que apresentam serviços diferenciados, conhecem as tendências de mercado, escolhem nichos específicos e entendem o perfil do novo consumidor.

PARTE 3 – Localização

A localização é um fator importante para qualquer empresa, por este motivo merece um bom planejamento. O empreendedor que planeja todos os aspectos relacionados a localização de seu escritório de contabilidade, terá maior chance de sucesso e com certeza reduzirá os riscos de uma escolha errada que poderá comprometer seu negócio no futuro. Hoje os escritórios de contábeis contam com a conveniência dos meios de comunicação para atender seus clientes, sendo que alguns atendem in-company e outros totalmente de forma virtual. Seja qual for o formato escolhido para seu negócio é fundamental pensar a longo prazo sobre as vantagens e desvantagens relacionadas a localização.

1 - Home Office – Escritório na própria residência

A opção mais barata de todas é montar um escritório na própria residência. Essa alternativa é viável enquanto trabalhar sozinho, mas se você deseja crescer, é bem provável que tenha que encarar outra opção mais cedo ou mais tarde. Mesmo sendo na própria residência, deverá ser tratado com uma empresa, e precisa atender as normas legais de abertura.

2 - Atendimento Virtual

Atualmente os modelos de comunicação, permitem que muitas empresas de contabilidade, atendam no formato virtual, sem a necessidade do escritório físico.

3 – Coworking

Uma alternativa de baixo custo é montar um escritório em um ambiente compartilhado em um coworking, onde você dividirá mesa com outras empresas e terá uma sala de reunião disponível quando precisar. Alguns coworkings oferecem salas privativas, que são úteis ao decorrer da evolução e crescimento do escritório contábil.

4 - Espaço comercial físico

A alternativa de maior custo, é também a mais profissional. É inevitável considerar que, para quem quer crescer, ter uma sala comercial inteira à disposição do escritório de contabilidade é muito melhor. Para aqueles que desejam ter uma estrutura física, é importante que o empreendedor esteja atento a questões como acessibilidade, número de concorrentes nas proximidades e condições de estacionamento. Algumas perguntas são norteadoras na hora de escolher o ponto comercial:

· Facilidade de acesso para clientes e funcionários

· Facilidade de estacionamento (local ou próximo)

· O local favorece a venda por impulso

· Proximidade de estações e pontos de transporte coletivo

· Infraestrutura de serviços (restaurantes, farmácias, bancos)

· Segurança da região · Infraestrutura de serviços públicos (Bombeiros, Polícia, Correio etc.)

· Verificar se o local não está sujeito a inundações ou áreas de risco Ideias de Negócios

· Disponibilidade dos serviços de água, luz, telefone e internet

· Serviços de recolhimento de lixo

· Preço de aluguel

· Qualidade dos imóveis disponíveis

Cuidados!

Confira orientações para você não se arrepender da escolha do ponto comercial:

· Evite locais em frente a ponto de ônibus

· Fique longe de locais que causem sensação de insegurança

· Tente evitar últimos andares ou locais de pouca mobilidade

· Analise a legislação do município antes de qualquer decisão.

. Analisar todos os aspectos da localização é fundamental para evitar erros ou gastos desnecessários, principalmente para quem esta começando neste segmento.

PARTE 4 - Exigências Legais e Específicas

Para abrir um Escritório de Contabilidade, o empreendedor poderá ter seu registro de forma individual ou em um dos enquadramentos jurídicos de sociedade. Ele deverá avaliar as opções que melhor atendem suas expectativas e o perfil do negócio pretendido.

Para abertura e registro de um Escritório de Contabilidade é necessário realizar os seguintes procedimentos:

· - Registro Empresarial na Junta Comercial;

· - Obtenção do CNPJ na Secretaria da Receita Federal;

· - Registro na prefeitura municipal, para obter o alvará de funcionamento;

· - Enquadramento na Entidade Sindical Patronal (empresa ficará obrigada a recolher por ocasião da constituição e até o dia 31 de janeiro de cada ano, a Contribuição Sindical Patronal);

· - Cadastramento junto à Caixa Econômica Federal no sistema "Conectividade Social – INSS/FGTS";

· - Registro no Corpo de Bombeiros Militar: órgão que verifica se a empresa atende as exigências mínimas de segurança e de proteção contra incêndio, para que seja concedido o "Habite-se" pela prefeitura.

· - Alvará de licença da Vigilância Sanitária;

· - Registro no Conselho Regional de Contabilidade.

Informações Gerais:

Para a instalação do negócio é necessário realizar consulta prévia de endereço na Prefeitura Municipal/Administração Regional, sobre a Lei de Zoneamento.

É necessário observar as regras de proteção ao consumidor, estabelecidas pelo Código de Defesa do Consumidor (CDC) A Lei 123/2006 (Estatuto da Micro e Pequena Empresa) e suas alterações estabelecem o tratamento diferenciado e simplificado para micro e pequenas empresas. Isso confere vantagens aos empreendedores, inclusive quanto à redução ou isenção das taxas de registros, licenças etc.

Nota!

Antes de iniciar suas atividades comerciais o empreendedor deverá verificar a necessidade obtenção do alvará de funcionamento, de licença sanitária e registro de responsabilidade técnica no Conselho Regional de Contabilidade

PARTE 5. Estrutura

A estrutura organizacional de um escritório requer muita atenção por parte do empreendedor. Afinal, é a estrutura organizacional que impacta no desenvolvimento dos serviços e, como consequência, na qualidade dos resultados.

Hoje vivemos na era da informação, e os modelos convencionais de escritórios, podem não ser a melhor opção. Para início de atividade é importante entender que existem 2 estruturas básicas para o modelo organizacional, sendo:

1 – Estrutura por cliente

2 – Estrutura por especialidade

Entender os modelos estruturais permitirá ao empreendedor optar pela melhor opção de negócio.

1 – Estrutura por cliente - Utilizada, geralmente, em pequenos e médios escritórios, a estrutura por cliente é aquela na qual o contador fica responsável por realizar todos os serviços demandados pelo cliente. Um único profissional é responsável por realizar todas as tarefas, como abertura de empresa, folha de pagamento, pagamento de tributos etc. Além disso, o contador também é encarregado por realizar o atendimento ao cliente e manter um bom relacionamento com o mesmo.

Nota:

Esta estrutura é somente para escritórios pequenos e com poucos clientes. Com a expansão dos serviços o modelo deverá ser revisto para evitar perder clientes ou comprometer a qualidade dos serviços.

2 – Estrutura por especialidade - Neste modelo, há departamentos específicos para cada serviço e os profissionais que trabalham neles são especializados no que fazem. Eles não têm acesso ao cliente e ficam responsáveis somente por realizar os serviços. Estes são os dois modelos para um escritório de contabilidade, independentemente de qual for escolhido é importante conhecer quais são os departamentos:

· Departamento de legalização - Responsável por realizar a abertura de uma empresa.

· Departamento fiscal - Responsável por receber todas as notas fiscais, realizar a escrituração das notas e apuração dos impostos mensais e anuais.

· Departamento contábil - Realizará toda a verificação e análise das movimentações financeiras de um negócio.

· Departamento pessoal - Realizará todas as ações obrigatórias para manutenção dos funcionários das empresas.

A estrutura escolhida pelo empreendedor precisa ser agradável, confortável e com muita praticidade para receber os clientes e ampliar as oportunidades de negócios.

Preparamos algumas dicas para ajudar na estrutura de um local apropriado para seu escritório de contabilidade:

· Recepção - Espaço destinado à instalação de todo o aparato de recepção, tanto em termos de atendimento, quanto de espera, devendo ser um espaço muito bem decorado, com sofás e cadeiras especiais, tudo em prol da satisfação do cliente.

· Sala de trabalho - Área em que serão dispostos os computadores e mesas para o desenvolvimento dos serviços relacionados à contabilidade, propriamente dita, devendo ser montado ilhas de trabalho, facilitando assim o desenvolvimento da atividade principal da empresa.

· Sala de reunião - Espaço destinado à realização de reunião com os clientes, visando direcionar os trabalhos de contabilidade a ser proposta junto ao cliente. Esse mesmo espaço deverá ser utilizado para as reuniões de alinhamento dos trabalhos com a equipe interna.

· Sala de arquivo - A contabilidade é um atividade complexa e exige a manipulação e arquivo de muitos documentos. Este espaço deverá ser cuidadosamente escolhido para evitar deterioração dos documentos. Para a estrutura acima, estimamos uma área de 30 a 50m², mas é importante lembrar que a estrutura pode mudar radicalmente se a opção do empreendedor seguir para o modelo virtual e/ou estruturas de coworking.

PARTE 6 - Pessoal

A quantidade de pessoas para um escritório de contabilidade dependerá do modelo de negócio que o empreendedor deseja para sua estrutura funcional.

No início de atividade uma opção é a estrutura por cliente, onde os serviços podem ser executados somente pelo contador, com aporte de um bom notebook, smartphone e internet. Como o desejo de todo contador é crescer e montar um escritório por especialidade, apresentamos algumas das principais funções e suas características:

· Contador - O contador será o profissional responsável por toda gestão contábil de uma empresa. O contador precisa de habilidade e características especificas:

· Formação especifica e credenciamento nos conselhos de classe

· Conhecimento técnico especifico de cada especialidade

· Reconhecer, definir e ter senso de prioridade diante de problemas

· Ter raciocínio lógico, crítico e analítico

· Habilidade de relacionamentos com clientes e funcionários

· Habilidade para negociar

· Inteligência emocional para lidar com possíveis conflitos

· Disciplina e autocontrole

Para aqueles que desejam contratar um assistente ou atendente, é importante observar algumas características.

· Atendente/assistente - Este cuidará do atendimento ao cliente, agenda de trabalho e lançamentos diversos. Algumas características e habilidades são fundamentais:

· Cortesia e educação para com os clientes e colegas

· Disciplina e organização

· Conhecimento dos serviços da contabilidade

· Idoneidade, ética e valores morais e pessoais

· Boa apresentação pessoal

· Domínio de técnicas de vendas e atendimento ao público

· Preferencialmente que estejam cursando contabilidade

Os empreendedores que optarem pelo modelo de negócio por especialidade, deverão contratar profissionais habilitados para cada setor.

· Especialistas - Estes profissionais serão especialistas e responsáveis pelos departamentos de legalização, fiscal, contábil e departamento pessoal.

Dentre suas habilidades e características estão:

· Preferencialmente formação especifica na área

· Conhecimento técnico especifico de sua especialidade

· Reconhecer, definir e ter senso de prioridade diante de problemas

· Ter raciocínio lógico, crítico e analítico

· Inteligência emocional para lidar com possíveis conflitos

· Disciplina e autocontrole

· Senso de prioridade

Um escritório de contabilidade exige profissionais altamente qualificados e com conhecimento técnico especifico. Atuar neste segmento requer investir em educação continuada para todos os integrantes da equipe do escritório de contabilidade. Recomenda-se a adoção de uma técnica de retenção de pessoal, desta forma a empresa diminuirá os níveis de rotatividade e obterá vantagens como a criação de vínculo entre a profissionais, contador e clientes. Outra dica importante para formação de uma equipe é a contratação de estagiários de cursos específicos. Consulte uma empresa de integração como ciee , smartestagio superestagio e outras.

PARTE 7 - Equipamentos

A relação de equipamentos para um Escritório de contabilidade irá depender do tamanho e área de atuação. No geral a estrutura pode ser composta pelos grupos:

Equipamentos de informática e telecomunicação

 Computador

Impressora

Softwares

Equipamento telefônico

Mobiliários e outros equipamentos / utensílios

Mesas / Cadeiras

Armários

Purificador de água

Mesas para refeitório e cozinha

Cafeteira, micro-ondas, geladeira

Utensílios de cozinha

Isso poderá ser o passo inicial para o negócio, a medida em que o empreendimento tomar novas proporções com aumento das vendas, iniciará uma nova fase, com acréscimo de sua estrutura.

PARTE 8 - Matéria Prima/Mercadoria

A principal matéria prima dos escritórios de contabilidade é o capital intelectual de seus profissionais. Mas não podemos esquecer dos insumos que são utilizados diariamente para prestação de serviços de consultoria (folhas, canetas, água, café etc.) O escritório de contabilidade, que deseja oferecer serviços diferenciados, precisa entender a realidade das empresas que atende, e nada mais justo que conhecer as técnicas de gestão de estoque, isso pode ser um grande diferencial uma demonstração de profissionalismo para seu cliente. Toda e qualquer empresa, precisa de uma gestão de estoque eficiente, para a qualidade dos produtos e serviços oferecidos e também ajudará na formação do capital de giro. O equilíbrio entre compra, armazenamento e consumo é medido com três importantes indicadores:

· Giro dos estoques: é um indicador do número de vezes em que o capital investido em estoques é recuperado por meio das vendas. Usualmente é medido em base anual e tem a característica de representar o que aconteceu no passado.

Nota: Quanto maior for a frequência de entregas dos fornecedores, logicamente em menores lotes, maior será o índice de giro dos estoques, também chamado de índice de rotação de estoques.

· Cobertura dos estoques: é a indicação do período de tempo que o estoque, em determinado momento, consegue cobrir as vendas futuras, sem que haja suprimento.

· Nível de serviço ao cliente: o indicador de nível de serviço ao cliente para o ambiente do varejo de pronta entrega demonstra o número de oportunidades de venda que podem ter sido perdidas, pelo fato de não existir a mercadoria em estoque ou não se poder executar o serviço com prontidão. Portanto, o estoque dos produtos deve ser mínimo, visando gerar o menor impacto na alocação de capital de giro.

O estoque mínimo deve ser calculado levando-se em conta o número de dias entre o pedido de compra e de entrega dos produtos na sede da empresa.

Agora que você conhece sobre gestão de estoque, use estas informações a seu favor no momento de oferecer diferenciais aos seus clientes e demonstrar a qualidade de seus serviços de contabilidade.

PARTE 09 - Organização do Processo Produtivo

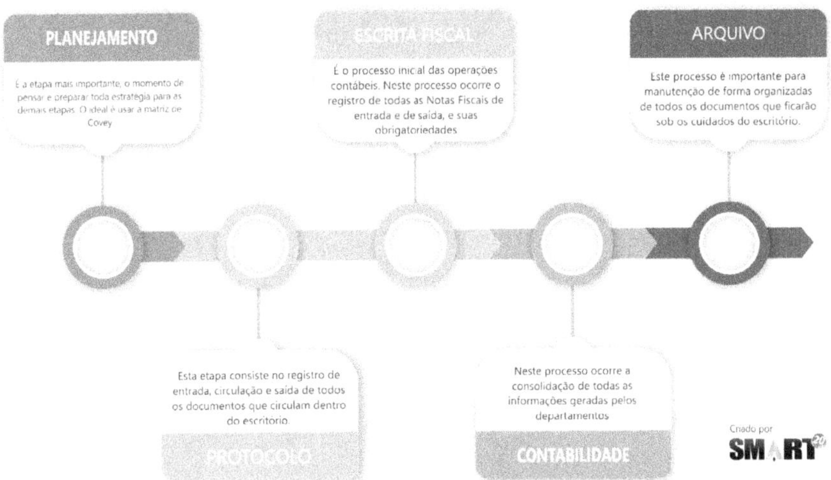

A organização do processo produtivo deve ser adotada em todo escritório de contabilidade, independentemente do tamanho e das especialidades. A organização e padronização dos processos é um fator definidor de sucesso ou fracasso de empresas. A organização de processos no ramo contábil, precisa de atenção redobrada, pelo fato das atividades exercidas serem excepcionalmente complexas e exigirem o cumprimento de normas técnicas, vencimentos específicos etc.

Antes de qualquer organização, é fundamental mapear os processos por grau de importância. Essa é uma técnica onde o fluxo de atividades internas da empresa são desenhadas com o objetivo de identificar todas suas entradas, saídas e ações, permitindo visualizar as atividades essenciais, as que agregam mais valor e as que geram inconformidades, gargalos nos produtos e atrasos.

Uma das técnicas para esta organização é a separação dos processos por cores, veja:

· Azul: Serviços simples, os processos decorrem sem complicações

· Verde: Serviços de média complexidade, os processos estão mais suscetíveis a erros e demandam mais tempo

· Vermelhos: Processos complicados e complexos, morosos e que exigem muita atenção

· Amarelo: Caminhos alternativos que chegam ao mesmo resultado de forma mais simples e inteligente. Após esta classificação de complexidade dos processo é possível estabelecer a padronização de processos. Preparamos algumas dicas:

Fazer a coisa certa no momento certo do jeito certo! É a etapa mais importante, o momento de pensar e preparar toda estratégia para as demais etapas. O ideal é usar a matriz de Covey , para priorizar as atividades e adiar aquilo que não exige tanta urgência para ser feito.

Estabeleça um limite de horas para cada atividade, e priorizar as atividades mais urgentes.

Processo 2 – Protocolo - Esta consiste no registro de entrada, circulação e saída de todos os documentos que circulam dentro do escritório. Esse processo tem a função de identificar com agilidade a localização de todo e qualquer documento sobre a responsabilidade do escritório, inclusive mantendo controle de prazos e outros.

Processo 3 - Escrita Fiscal - É o processo inicial das operações contábeis. Neste processo ocorre o registro de todas as Notas Fiscais de entrada e de saída, e suas obrigatoriedades.

Processo 4 – Contabilidade - Neste processo ocorre a consolidação de todas as informações geradas pelos departamentos. Neste processo será informado a empresa quais as melhores condições para atuação, pagamentos etc.

Processo 5 - Departamento Pessoal - Este processo é responsável por cuidar de todos os direitos, deveres e obrigações relacionados a contratação, manutenção e demissão de funcionários.

Processo 6 – Arquivo - Este processo é importante para manutenção de forma organizadas de todos os documentos que ficarão sob os cuidados do escritório.

Nota: Devido a complexidade dos processos em um escritório contábil, é quase impossível não ocorrer imprevistos. Na hora de organizar a rotina contábil, é importante conseguir prever alguns desafios que estarão por vir. Dessa forma, fica mais fácil enfrentá-los de maneira tranquila, sem alterar demais o que já havia sido planejado.

. Além dos processos organizacionais da prestação de serviços para as empresas, o escritório contábil deverá estabelecer processos para gestão interna do escritório, tais como:

administração, finanças, recursos humanos etc. De nada adianta prestar um excelente serviço ao cliente e não cuidar do próprio escritório. Seguindo estas etapas, buscando sempre novas informações, colocando a satisfação do cliente como foco, as oportunidades de negócios serão exitosas e conseguira ótimas experiências em seu escritório de contabilidade

PARTE 10 – Automação

A tecnologia está cada vez mais presente nos negócios e as empresas que desejam manter-se competitivas precisam entender a importância de acompanhar essa evolução. O crescimento de um escritório de contabilidade esta diretamente associado ao uso inteligente da automação e seus benefícios. A prática de automação consiste em substituir processos manuais por sistemas automáticos, que proporcionam a integração de tarefas e informações, maximizando a produtividade de toda a equipe de contabilidade, oferecendo automatizações na conciliação bancária, facilitação na montagem do plano de contas, importação automática de arquivos, cálculo de tributos, notas fiscais, escrituração contábil entre outras facilidades Existem vários softwares no mercado, o mais indicado é que o empreendedor invista em softwares específicos para escritórios de contabilidade.

Atuando de forma personalizada, ele oferece benefícios práticos para o dia a dia de trabalho, como:

· Centralizar e sincronizar informações

· Otimizar processos, reduzindo o tempo despendido em tarefas burocráticas e manuais

· Manter as informações atualizadas

· Facilitar o lançamento de dados

· Proporcionar maior controle financeiro

· Otimizar o fluxo de trabalho

· Reduzir o trânsito de documentos físicos na empresa

· Aumentar a confiabilidade dos dados

Além destes benefícios, a automação também garante algumas vantagens para a gestão do escritório de contabilidade:

· Crescimento financeiro - O fluxo de caixa fornecerá dados em tempo real, sobre saúde financeira do escritório. Com estas informações o gestor pode tomar decisões com mais assertividade.

· Redução de custos - Automatizar processos reduz custos com mão de obra, infraestrutura, material de consumo e servidores físicos.

· Arquivo e organização de documentos - A automatização dos processos, todos os documentos do escritório ficam armazenados em um só lugar, na nuvem, e só podem ser acessados por pessoal autorizado, além de terem sua segurança contra perdas assegurada por meio de backups periódicos.

· Planejamento estratégico - O sistema melhora a comunicação entre os dados e facilita o acesso às informações por parte dos funcionários, proporcionando tomadas de decisão mais ágeis e assertivas.

· Diminuição do índice de retrabalho - Os processos automatizados, eliminam as ocorrências de retrabalho, reduzindo os prejuízos causados por falha humana.

· Cumprimento de prazos - O sistema reduz os riscos relacionados a perdas dos prazos de entregas de documentos, atualização de informações, geração de impostos etc.

· Quanto à segurança dos dados - Os processos de um escritório contábil geram uma grande quantidade de dados. Não obstante a maior ou menor relevância das informações, essas devem ser muito bem guardadas e por diversas razões, desde a adequada execução das atividades mais simples às mais complexas.

O empreendedor que usar a tecnologia a seu favor, conseguira aprimorar e acelerar todo o processo produtivo, trazendo benefícios ao cliente e ao seu escritório de contabilidade.

PARTE 11 - Canais de Distribuição

Podemos entender que os canais de distribuição têm como principal objetivo garantir a distribuição dos seus serviços de contabilidade para os seus clientes. Geralmente os canais de distribuição são divididos em três grupos, sendo:

1 Canal Direto - Neste canal de distribuição, a empresa é a única responsável pela entrega dos serviços para o cliente. Não existe qualquer intermediário.

2 Canal Indireto - Neste canal, os intermediários (terceiros) se encarregam desta entrega. No caso de um escritório contábil, alguns serviços como retirada ou entrega de documentos pode ser feito por empresas especializadas em distribuição.

3 Canal Híbrido - Este modelo de distribuição a empresa faz parte do processo, mas também utilizada intermediários para realização de alguns serviços. Um escritório de contabilidade, pode optar por mais de um canal de distribuição para agilizar seus processos. Juntamente com os canais de distribuição pode utilizar os multicanais de comunicação (WhatsApp, facebook, etc) para potencializar, agilizar a distribuição de seus serviços.

Nota: Com a expansão dos negócios é possível que o escritório, terceirize as entregas e coletas de documentos, quando isso acontecer é fundamental que o empreendedor tenha o total controle da qualidade dos serviços que estão sendo entregues aos clientes. Afinal, é o nome de sua empresa que esta sendo representada por terceiros.

É importante que o empresário acompanhe todos os processos. Pois entende-se que este processo seja importante para dar agilidade, segurança e credibilidade nas entregas ao cliente.

PARTE 12 – Investimentos

Escritório de contabilidade é um negócio promissor e pode gerar bons resultados ao empreendedor, já que todo negócio formal precisa de um mínimo de escrituração e registro de suas movimentações contábeis registradas em balancetes, balanços e demonstrações contábeis, tanto para manter sua regularidade fiscal junto às autoridades tributárias, quanto para obtenção de crédito, financiamento e também para a participação em licitações e compras públicas, institucionais e governamentais.

O início de tudo é elaborar um Plano de negócios, uma ferramenta que mostrará com detalhes uma visão ampla sobre a empresa e o mercado onde irá atuar, procure uma unidade mais próxima do SEBRAE e confira como elaborar o seu projeto. O investimento para este negócio pode ser muito variado, dependendo do tamanho, região montada dentre outros fatores, no entanto a estrutura de investimentos pode ser dividida em dois grupos:

· Equipamentos de informática e telecomunicação

· Mobiliários e outros equipamentos / utensílios A título de exemplo, apresentados a seguir, uma previsão de investimentos para um Escritório de contabilidade com uma estrutura modesta em fase inicial de atividade. Alertamos que os itens e valores unitários e totais apresentados a seguir são meramente referenciais, para fins de estimativa do investimento necessário, podendo variar de acordo com a quantidade, estilo, local de aquisição, dentre outras variáveis. A cotação foi feita em consulta a internet tendo como referência o mês de novembro/2019.

Equipamentos de informática e telecomunicação

05 Desktop ou Notebook R$ 1.200,00 R$ 6.000,00

02 Impressora Multifuncional R$ 1.100,00 R$ 2.200,00

-- Softwares R$ 1.500,00

01 Kit PABX completo R$ 3.600,00 R$ 3.600,00

02 Smartphone R$ 700,00 R$ 1.400,00

Mobiliário e outros Equipamentos / utensílios

06 Mesa ou unidade de trabalho R$ 300,00 R$ 1.800,00

12 Cadeiras para escritório R$ 200,00 R$ 2.400,00

01 Mesa de reunião R$ 600,00 R$ 600,00

08 Cadeiras R$ 200,00 R$ 1.600,00

02 Estante / arquivo R$ 500,00 R$ 1.000,00

01 Purificador de água R$ 360,00 R$ 360,00

01 Mesa refeitório 6 lugares com banquetas R$ 800,00 R$ 800,00

01 Cafeteira expresso R$ 500,00 R$ 500,00

01 Refrigerador R$ 1.300,00 R$ 1.300,00

01 Micro-ondas R$ 230,00 R$ 230,00

01 Aparelho de Ar condicionado R$ 1.500,00 R$ 1.500,00
01 Cozinha completa 4 peças – 7 portas R$ 750,00 R$ 750,00

--- Utensílios de copa e cozinha ------- R$ 2.000,00

TOTAL DE INVESTIMENTO R$ 29.540,00

Nota:

* Não estão considerados os gastos relativos à aquisição ou reforma do imóvel escolhido para a instalação da empresa, pois ele poderá ser alugado;

** Também é importante projetar o investimento de estoque inicial para aquisição de materiais de escritório e copa/cozinha. Finalizando, o fundamental é que o empreendedor planeje seus gastos, utilize na prática todas as etapas do Plano de Negócios, pois assim sua visão na gestão e controle do empreendimento será completa, permitindo identificar e corrigir possíveis falhas e gargalos no projeto, que possam futuramente impactar de forma drástica no desenvolvimento do negócio.

PARTE 13 - Capital de Giro

Os trabalhos executados por um Escritório de contabilidade são minuciosos de análises das áreas fiscal, tributária e trabalhista de uma empresa, ou instituição, portanto, é uma atividade que exige tempo para análise.

Um mercado bastante concorrido, por isso, é importante manter a qualidade no atendimento e serviços. Tem igualmente como qualquer outra atividade ou empresa a necessidade de saber administrar e controlar seu Capital de Giro. O capital de giro é o valor que o Escritório de contabilidade tem para custear e manter as despesas operacionais rotineiras. Esse valor é resultado da diferença entre o dinheiro que a empresa tem disponível para pagamento de seus compromissos. É o capital de giro que assegura que haja condições de comprar insumos para a execução de serviços, além do pagamento de impostos, salários e outras despesas operacionais. Ele é regulado pelos prazos praticados pela empresa, são eles:

- Prazos médios recebidos para pagamento de fornecedores (PMF);

- Prazos médios de estocagem (PME) – no caso desta atividade o estoque se resume tão somente a pequenas quantidades de itens de insumos utilizados no dia a dia, portanto não sofrem tanto impacto nos cálculos do capital de giro, no entanto alertamos para tomar cuidado com compras em excesso ou desnecessárias;

- Prazos médios concedidos a clientes (PMCC). Sendo assim, quanto maior o prazo concedido aos clientes, maior será sua necessidade de capital de giro. Portanto é necessário saber o limite de prazo a ser concedido e praticado ao cliente, melhorando desta maneira a necessidade de imobilização de dinheiro em caixa. Se o prazo médio a ser praticado com os fornecedores, mão-de-obra, aluguel, impostos e outros forem maiores que os prazos médios concedidos ao cliente para pagamento dos serviços de contabilidade, a necessidade de capital de giro será positiva, ou seja, é necessária a manutenção de dinheiro disponível para suportar as oscilações de caixa. Daí a necessidade de documentar os processos financeiros, renegociar dívidas, casos as tenham, ter controle do fluxo de caixa e prezar sempre pela redução de custos.

Nesse tipo de negócio, a necessidade de capital de giro pode representar cerca de 25% a 35% do investimento inicial. Este valor é só uma estimativa e poderá variar significativamente dependendo das particularidades do empreendimento definidos no Plano de Negócios. Planeje de forma equilibrada o Capital de Giro atentando-se a alguns pontos básicos:

1 - Passe um verdadeiro pente fino nas finanças e descubra quais gastos podem ser diminuídos Negocie com fornecedores o melhor prazo sob o seu ponto de vista, ou seja, melhor para o seu caixa. Crie políticas de incentivo à redução de custo com seus colaboradores e parceiros, minimize desperdícios;

2 - Tenha disciplina na gestão financeira do negócio Sabemos que gerir a parte financeira da empresa é um trabalho um tanto quanto burocrático e maçante. Mas não tem jeito, é importante manter a disciplina no negócio, daí a necessidade de anotar e controlar cada centavo que entra e sai da empresa;

3 - Negocie os prazos de pagamento com seus fornecedores. É sempre bom lembrar que o prazo de pagamento a fornecedores está diretamente associado à necessidade de capital de giro, pois quanto antes se paga, mais rapidamente o dinheiro sai do caixa. Assim, conseguir maior folga com os fornecedores sempre é vantagem. Pagar rápido só é vantagem quando se tem um bom desconto;

4 - Reveja as formas de recebimento. Em contrapartida, negociar com os seus clientes também é boa forma de melhorar o caixa, pois possibilita à empresa receber com maior agilidade. Isso implica às vezes em melhorar os processos da área de faturamento, com a adoção de tecnologias. Pode dar trabalho, mas compensará no longo prazo pois facilitará a entrada do dinheiro. Uma das causas mais comuns da falta de capital de giro é um grande descasamento entre a hora de receber e o momento de pagar. Por isso, essa é uma das formas de amenizar o problema. Sabemos que seus concorrentes talvez tenham condições de pagamento facilitadas. Para compensar, uma das saídas possa ser apostar nos diferenciais.

Tão importante quanto saber como abrir um Escritório de contabilidade, é mantê-lo ativo e estável no mercado. A gestão do capital de giro é um dos processos financeiros mais importantes da empresa, e precisa ser feita com responsabilidade e principalmente com planejamento, controle e conhecimento.

PARTE 14 – Custos

A redução de custos consiste na busca constante de métodos e estratégias que controlem rigorosamente as contas a pagar e receber. São várias as razões que levam os empreendedores a tratar custos como uma das prioridades mais importantes de seus negócios. A qualidade da informação é essencial para que o controle seja justo e eficaz, não há espaço para se fazer suposições. Em um Escritório de contabilidade você tem 3 grupos de famílias de custos, são eles, os custos variáveis, custos fixos e despesas comerciais. Explorando cada um deles, de uma forma mais simples, podemos dizer que:

1 – Custos variáveis - São gastos que ocorrerão em função da prestação dos serviços aos clientes, tais como:

· Deslocamentos;

· Insumos nas prestações destes serviços;

· Materiais aplicados nos serviços.

2 – Custos Fixos - Já os "Custos Fixos" são todos os gastos que a empresa terá em sua operação, não relacionados diretamente a nenhum serviço. Alertamos que a medida que os negócios cresçam um novo planejamento se faz necessário e em consequência a estrutura e os custos aqui apresentados, devem ser repensados e estruturados conforme o seu Plano de Negócios. Veja alguns exemplos de custos fixos mensais de um Escritório de contabilidade que esteja em suas atividades iniciais.

Alertamos que os valores apresentados a seguir são meramente referenciais, para fins de estimativa dos custos fixos, variando de empresa para empresa, localização regional e outras variáveis.

Custos Fixos

Salários * R$ 8.200,00

Aluguel, taxa de condomínio, segurança, IPTU R$ 800,00

Luz, telefone e acesso à internet R$ 400,00

Softwares R$ 200,00

Propaganda e publicidade da empresa R$ 200,00

Total R$ 9.800,00

* Para este exemplo consideramos uma equipe formada por 01 recepcionista, 01 encarregado de escrita fiscal, 01 encarregado de departamento pessoal e 01 auxiliar de

serviços gerais. Atenção em incluir todos os encargos sobre os salários nessas projeções.

3 – Despesas Comerciais

As "Despesas Comerciais" são os gastos que variam conforme o volume de vendas e o volume de clientes. Como exemplos destacamos:

· Impostos diretos sobre as vendas (dependerá diretamente do regime tributário escolhido);

· Comissões de vendas (caso a empresa adote esta política, definir seu percentual);

· Taxas cobradas pelos meios de pagamento (cartões crédito/débito, boleto bancário) caso sejam estas a forma de recebimentos. Finalizando, o mercado vem buscando profissionais na área de contabilidade que gerem resultados e que façam com que os serviços oferecidos sejam colocados em prática com sucesso. Quanto mais o profissional ou o Escritório de contabilidade obtiver resultados com clientes, melhor será para o andamento e resultados do negócio.

PARTE 15 - Diversificação/Agregação de Valor

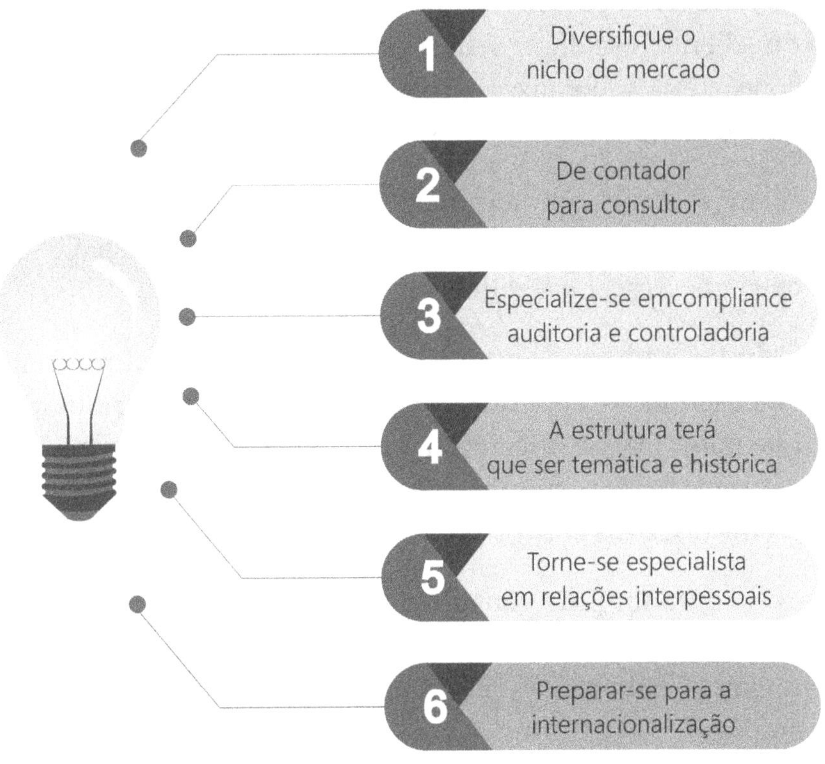

O setor de contabilidade passa por uma grande transformação. O empreendedor precisa estar atento as tendências, mercado, comportamento do consumidor e principalmente conhecer soluções inovadoras que diversifiquem e agreguem valor ao seu negócio. Ao agregar valor que por definição é incluir inovações e diferenciais, seu escritório contábil, aumentará as chances do cliente escolher seus serviços em relação a outros concorrentes. Pequenas coisas podem fazer a diferença para que seu escritório, possa crescer, sem altos custos.

Vamos conhecer algumas delas e, se você, como empresário, souber utilizá-las, certamente verá sua clientela crescer e se fidelizar:

· **Mudar o nicho de mercado** - Atualmente a maior receita dos escritórios vem do serviços de compliance tributário, que nada mais é que entrega para seus clientes do cálculo de impostos e cumprimento de obrigações. Isso todo escritório faz, a concorrência é enorme.

· **De contador para consultor** - O contador assume o papel de consultor, orientando sobre os melhores impostos, regimes tributários e ações para o crescimento da empresa.

· **Utilizar tecnologias como Big Data** - O novo profissional da área contábil precisa ir além de olhar para o dinheiro que saiu; precisa ser capaz de projetar o futuro. Com as automatizações, a atividade burocrática se torna analítica.

· **Especializar-se em compliance, auditoria e controladoria** - As atividades de adequação ao cumprimento de normas, prevenção de fraudes e exigência de padrões éticos nas ações internas/externas das corporações criaram novas demandas empresariais, exigindo dos profissionais do mercado contábil novas competências.

· **Desenvolver uma visão sistêmica da empresa** - As organizações precisam de especialistas com olhar global, o que impõe multidisciplinaridade e contribuem com o planejamento estratégico.

· **Tornar-se um especialista em relações interpessoais** - O fato de a profissão deslocar-se para um âmbito mais gerencial aumenta também essa exigência, inclusive no que diz respeito à capacidade de persuasão.

· **Preparar-se para a internacionalização da contabilidade** - Atualmente é comum empresas atuarem com importação, exportação e ações financeiras no exterior. Os profissionais do setor contábil devem estar cientes da necessidade de capacitação e atualização rumo aos padrões internacionais da área. . Estas são algumas ações, mas é importante ressaltar que assim como qualquer negócio os empreendedores do setor de contabilidade, precisam estar atentos as novidades do mercado, ouvir seus clientes e sempre oferecer o que há de melhor no segmento.

PARTE 16 – Divulgação

Os meios para divulgação de um escritório de contabilidade, variam de acordo com o porte e o público-alvo escolhido. Negócios dessa natureza requerem contato pessoal, onde a credibilidade e confiabilidade dos serviços fazem a diferença no momento da contratação. Nos primeiros meses de existência da empresa é fundamental o contato pessoal. Com o crescimento da confiança por parte dos clientes o atendimento podem ser realizados por multicanais de comunicação. Algumas dicas importantes maximizar as ações de divulgação:

· **Apresentação profissional** - Desenvolva um conteúdo explicativo sobre o que você tem a oferecer e quem é você. Defina os principais serviços que oferta de forma clara, aponte clientes atendidos e exponha seus valores e objetivos e principalmente tenha referencias positivas de seus serviços. Não esqueça de folders, cartões de vista etc.

· **Redes sociais** - Os perfis sociais, atualmente são os melhores meios de divulgação de produtos e profissionais. Explore ao máximo todos os canais de distribuição nas redes sociais – Facebook, Instagram e outros que promovem a visibilidade profissional e dos serviços de contabilidade de seu escritório

· **Network** - A melhor forma de aumentar sua rede é participar de eventos empresariais, palestras e encontros profissionais, mas lembre-se, o foco aqui é criar um vínculo profissional e nunca esqueça do seu cartão de visita.

· **Site Empresarial** - O site é seu espaço individual para mostrar quem é você e seus produtos. Um site bem montado, com aspectos profissionais, pode engajar melhor seus potenciais clientes e passar confiabilidade. Use seu site de forma criativa para expor seus principais serviços e diferenciais se comparado aos concorrentes.

· **Participar e/ou patrocinar eventos para comunidade** - Participar de eventos da comunidade é uma maneira inteligente de estar próximo a potenciais clientes. Procure posições de destaque nos eventos e sempre esteja com seus folders a disposição dos interessados.

Nota: O empresário de um escritório de contabilidade deverá estar sempre atento às formas de divulgação, pois o Código de Ética do Contabilista é extremamente rígido no que tange a propaganda agressiva e que venha a ser entendida como "desleal" com seus concorrentes. Tal fato, poderá ser denunciado ao CRC de sua jurisdição e o escritório de contabilidade, juntamente com o Contabilista, podem ser julgados e, em sendo condenado, perder o registro junto a esse órgão, fato que inviabilizará a continuidade da prestação de serviços contábeis.

. Invista tempo para conhecer todas as alternativas de divulgação. Os clientes, não irão conhecer seu escritório de contabilidade sem um esforço de divulgação. Atualmente existem inúmeras estratégias de divulgação gratuitas outras que podem ser feitas com baixo investimento. E lembre-se que não existe uma regra: o que funciona para um nicho de negócio, pode não funcionar para outro. Por isso, é importante planejar as ações e conhecer cada vez mais o público que se deseja atingir.

PARTE 17 - Informações Fiscais e Tributárias

As informações fiscais e tributárias serão diferenciadas em decorrência da opção do regime tributário escolhido pelo empreendedor.

Exemplo 1:

Escritório de Contabilidade optante do SIMPLES Nacional

O segmento de Escritório de Contabilidade, assim entendido pela CNAE/IBGE (Classificação Nacional de Atividades Econômicas) 6920-6/01 como a atividade de serviços de registro contábil das transações comerciais, a elaboração de balanço anual, a preparação de declarações de imposto de renda de pessoas físicas e jurídicas e as atividades de assessoria e representação (não jurídicas) exercidas ante a administração tributária em nome de seus clientes, poderá optar pelo SIMPLES Nacional - Regime Especial Unificado de Arrecadação de Tributos e Contribuições devidos pelas ME (Microempresas) e EPP (Empresas de Pequeno Porte), instituído pela Lei Complementar nº 123/2006, desde que a receita bruta anual de sua atividade não ultrapasse a R$ 360.000,00 (trezentos e sessenta mil reais) para micro empresa e R$ 4.800.000,00 (quatro milhões e oitocentos mil reais) para empresa de pequeno porte e respeitando os demais requisitos previstos na Lei. Nesse regime, o empreendedor poderá recolher os seguintes tributos e contribuições, por meio de apenas um documento fiscal – o DAS (Documento de Arrecadação do Simples Nacional), que é gerado no Portal do SIMPLES Nacional:

· IRPJ (imposto de renda da pessoa jurídica);

· CSLL (contribuição social sobre o lucro);

· PIS (programa de integração social);

· COFINS (contribuição para o financiamento da seguridade social);

· ISS (imposto sobre serviço)

· INSS (contribuição para a Seguridade Social relativa à parte patronal).

Conforme a Lei Complementar nº 123/2006 e alterações, este ramo de atividade é tributado pelo anexo III do SIMPLES Nacional e as alíquotas variam de 6% a 33%, dependendo da receita bruta auferida pelo negócio. No caso de início de atividade no próprio ano-calendário da opção pelo SIMPLES Nacional, para efeito de determinação da alíquota no primeiro mês de atividade, os valores de receita bruta acumulada devem ser proporcionais ao número de meses de atividade no período.

Exemplo 2 - Escritório de Contabilidade NÃO optante do SIMPLES Nacional

Alguns empreenderes podem não optar pelo Simples Nacional, ou o tipo de atividade não é permitido, veja o anexo do Comitê Gestor do Simples Nacional - Resolução CGSN nº 119, de 19 de dezembro de 2014. Para estes casos há os regimes de tributação abaixo:

1 - Lucro Presumido: É a apuração do tributo sobre o lucro que se presume através da receita bruta de vendas de mercadorias e/ou prestação de serviços. Trata-se de uma forma de tributação simplificada utilizada para determinar a base de cálculo dos tributos sobre o lucro das pessoas jurídicas que não estiverem obrigadas à apuração pelo Lucro Real. Nesse regime, a apuração dos tributos é feita trimestralmente. A base de cálculo para determinação do valor presumido varia de acordo com a atividade da empresa. Sobre o resultado da equação: Receita Bruta x 32%, aplica-se as alíquotas de:

IRPJ - 15%. Poderá haver um adicional de 10% para a parcela do lucro que exceder o valor de R$ 20 mil, no mês, ou R$ 60 mil, no trimestre, uma vez que o imposto é apurado trimestralmente;

CSLL - 9%. Não há adicional de imposto. Ainda incidem sobre a receita bruta os seguintes tributos, que são apurados mensalmente:

PIS - 0,65% sobre a receita bruta total;

COFINS – 3% sobre a receita bruta total.

2 - Lucro Real: É o cálculo do tributo sobre o lucro líquido e a empresa realmente obteve no período de apuração, ajustado pelas adições, exclusões ou compensações estabelecidas em nossa legislação tributária. Este sistema é o mais complexo, mas poderá ser mais vantajoso em comparação com lucro presumido e por isso, deverá ser bem avaliado por um contador. As alíquotas para este tipo de tributação são:

IRPJ - 15%. Sobre a base de cálculo (lucro líquido). Haverá um adicional de 10% para a parcela do lucro que exceder o valor de R$ 20 mil, multiplicado pelo número de meses do período. O imposto poderá ser determinado trimestralmente ou anualmente;

CSLL - 9%. determinada nas mesmas condições do IRPJ; Ainda incidem sobre a receita bruta os seguintes tributos, que são apurados mensalmente:

PIS - 1,65% sobre a receita bruta total, compensável;

COFINS - 7,65% sobre a receita bruta total, compensável. Incidem também sobre a receita bruta o imposto municipal:

- ISS – Calculado sobre a receita de prestação de serviços, varia conforme o município onde a empresa estiver sediada, entre 2 e 5%. Além dos impostos citados acima, sobre a folha de pagamento incidem as contribuições previdenciárias e encargos sociais (tanto para o lucro real quanto para o lucro presumido):

· INSS - Valor devido pela Empresa - 20% sobre a folha de pagamento de salários, pró-labore e autônomos;

· INSS - Autônomos - A empresa deverá descontar na fonte e recolher entre 11% da remuneração paga ou creditada a qualquer título no decorrer do mês a autônomos, observado o limite máximo do salário de contribuição (o recolhimento do INSS será feito através da Guia de Previdência Social - GPS).

· RAT – Risco de Ambiente do Trabalho – de 1% a 3% sobre a folha de pagamento de salários dependendo do grau de risco da atividade econômica, recolhida junto com a guia de INSS.

· INSS Terceiros – Contribuições Sociais recolhidas junto com a guia de INSS, calculada sobre a folha de pagamento com alíquota entre 0,8% a 7,7% dependendo da atividade econômica, destinadas aos serviços sociais e de formação profissional tais como: SESI, SESC, SENAI, SEBRAE, Incra, dentre outros.

· FGTS – Fundo de Garantia por tempo de serviço, incide sobre o valor da folha de salários a alíquota de 8%.

PARTE 18 – Eventos

Antes de tudo, feiras e eventos são momentos dedicados ao encontro. Nesses locais, você tem a oportunidade de conhecer novos clientes, e tem a oportunidade de ter acesso direto a fornecedores e possíveis parceiros em negócios e em investimentos. Por isso, é importante para o empreendedor de um Escritório de Contabilidade participar dos eventos de seu setor. Anualmente, diversos eventos de contabilidade são realizados. Eles reúnem profissionais altamente qualificados que participam compartilhando seus conhecimentos. Além disso, os eventos permitem que os participantes possam se conectar e promover networking. Confira abaixo os alguns eventos do setor que acontecem anualmente em diversas cidades do Brasil.

· We Are Omie - Anualmente, o evento reúne mais de 2.800 empreendedores e contadores https://weare.omie.com.br/

· SESCON – Sindicato das empresas de serviços contábeis e das empresas de assessoramento, perícias, informações e

pesquisas do estado de são paulo
http://eventos.sescon.org.br/

· CONVECON – Convenção dos profissionais da contabilidade do estado de são paulo
https://convecon.com.br/feira-de-negocios/

· Encontro nacional da mulher contabilista
http://www.contabilidadenatv.com.br/categoria/agenda-eventos-contabeis-2/

· ANEFAC – Associação nacional dos executivos de finanças, administração e contabilidade
http://img.anefac.com.br/Congresso_internas.aspx?ID=1

PARTE 19 - Entidades em Geral

Pertencer à entidade de seu setor também garante ao empresário de um Escritório de contabilidade em especial sua legitimidade e representatividade além de estar sempre a par das novidades, nos workshops, palestras e demais eventos que ela promove. Diante disso, conhecer as principais entidades do setor é de fundamental importância, conheça algumas delas a seguir:

· CFC - Conselho federal de contabilidade
https://cfc.org.br/

· CRC – Conselho regional de contabilidade https://online.crcsp.org.br/portal/index.asp (são sites regional, é necessário escolher o estado da Federação)

· FENACON – Federação nacional das empresas de serviços contábeis e das empresas de assessoramento, perícias, informações e pesquisa.

· IBRACON - Instituto dos auditores independentes do brasil http://www.ibracon.com.br/ibracon/Portugues/

· SESCON – Sindicato das empresas de serviços contábeis e das empresas de assessoramento, perícias, informações e pesquisas. http://institucional.sescon.org.br/index.php

PARTE 20 - Normas Técnicas

O empresário de um escritório de contabilidade deverá estar sempre atento às diversas NORMAS BRASILEIRAS DE CONTABILIDADE, que são as normas que orientam e disciplinam todos os procedimentos contábeis a serem aplicados no cotidiano dos contabilistas. Como existe uma grande quantidade de NBC, não é possível transcrever todas nesse material, por isso é importante que o contabilista pesquise no site do CFC buscando pelos mais diversos assuntos contábeis. Ressalta-se que todas as NBC são instituídas via Resolução emanada pelo CFC –

Conselho Federal de Contabilidade e são disponibilizadas no site do CFC e também publicadas no Diário Oficial da União.

As **Normas Brasileiras de Contabilidade** estabelecem regras de conduta profissional e procedimentos técnicos a serem observados quando da realização dos trabalhos contábeis.

O ordenamento jurídico brasileiro sobre Contabilidade é amplo e muito variado. Esse ordenamento divide a Contabilidade geralmente em Empresarial e Pública.

A legislação principal que trata de Contabilidade Pública Brasileira é a Lei nº 4.320, de 17 de março de 1964, que estatui normas gerais de direito financeiro para elaboração e controle dos orçamentos e balanços da União, dos Estados, dos Municípios e do Distrito Federal. A Secretaria do Tesouro Nacional tenta disciplinar padrões de contabilidade para uniformização e consolidação de balanços públicos, por intermédio de inúmeras portarias.

Índice

- 1 Normatização

- 2 Normas estabelecidas pelo CFC

    - 2.1 NBC e NBC-T

- 3 Nova estrutura das normas brasileiras de contabilidade

- 4 Referências

Normatização

A Contabilidade Empresarial é normatizada pela:

- Lei nº 6.404, de 15 de dezembro de 1976, que dispõe sobre as sociedades por ações;

- Código Civil, sobre outros tipos de sociedades;

- Normas Brasileiras de Contabilidade, emitidas pelo Conselho Federal de Contabilidade (CFC);

- normas sobre Contabilidade tributária, geralmente de responsabilidade da Secretaria da Receita Federal;

- normas para o mercado de capitais, de responsabilidade da Comissão de Valores Mobiliários (CVM);

- legislações esparsas geralmente classificadas como Direito Empresarial (sentido amplo).

Normas estabelecidas pelo CFC

As Normas Brasileiras de Contabilidade estabelecem regras de conduta profissional e procedimentos técnicos a serem observados quando da realização dos trabalhos previstos na Resolução CFC n° 560/83, de 28 de outubro de 1983, em consonância com os Princípios Fundamentais de Contabilidade.

A contabilidade, na sua condição de ciência social, cujo objeto é o Patrimônio, busca, por meio da apreensão, da quantificação, da classificação, do registro, da eventual sumarização, da demonstração, da análise e relato das mutações sofridas pelo patrimônio da Entidade particularizada, a geração de informações quantitativas e qualitativas sobre ela, expressas tanto em termos físicos, quanto monetários.

As normas classificam-se em "profissionais" e "técnicas", sendo enumeradas sequencialmente.

As normas profissionais estabelecem regras de exercício profissional, caracterizando-se pelo prefixo "NBC P".

As normas técnicas estabelecem conceitos doutrinários, regras e procedimentos aplicados de Contabilidade, caracterizando-se pelo prefixo "NBC T".

NBC e NBC-T

As Normas Brasileiras de Contabilidade (NBC) podem ser detalhadas através de Interpretações Técnicas que, se, necessário, incluirão exemplos.

As interpretações técnicas são identificadas pelo código da NBC a que se referem seguido de hífen, sigla IT e numeração sequencial.

O Conselho Federal de Contabilidade poderá emitir comunicados técnicos quando ocorrerem situações decorrentes de atos governamentais que afetam, transitoriamente, as Normas Brasileiras de Contabilidade (NBC).

Os comunicados técnicos são identificados pela sigla CT, seguida de hífen e numeração sequencial.

A inobservância das Normas Brasileiras de Contabilidade constitui infração disciplinar, sujeita às penalidades previstas nas alíneas c, "d" e "e" do art. 27 do Decreto-lei n° 9295 de 27 de maio de 1946, e, quando aplicável, ao Código de Ética Profissional do Contabilista.

Nova estrutura das normas brasileiras de contabilidade

No final de 2009, as normas foram renumeradas para se ajustarem a nova estrutura das Normas Brasileiras de Contabilidade, aprovada pela Resolução CFC n°. 1.328/11.

Os Princípios Contábeis continuam definidos na Resolução CFC n° 750/93 e a Estrutura das Normas Brasileiras de Contabilidade está regulamentada na Resolução CFC n°. 1.328/11.

De acordo com a nova estrutura, as Normas Brasileiras de Contabilidade classificam-se em profissionais e técnicas.[1]

As Normas Profissionais classificam-se em:

- NBC PG - Geral

- NBC PA - do Auditor Independente

- NBC PI - do Auditor Interno

- NBC PP - do Perito

As Normas Técnicas classificam-se em:

- NBC TG - Geral

  - Normas completas

  - Normas simplificadas para PMEs

  - Normas específicas

- NBC TSP - do Setor Público

- NBC TA - de Auditoria Independente de Informação Contábil Histórica

- NBC TR - de Revisão de Informação Contábil Histórica

- NBC TO - de Asseguração de Informação Não Histórica

- NBC TSC - de Serviço Correlato

- NBC TI - de Auditoria Interna

- NBC TP - de Perícia

- NBC TAG - de Auditoria Governamental

PARTE 21 – Glossário

Os serviços de um Escritório contábil são fundamentais para a manutenção de qualquer empresa, que precisa cumprir obrigações e aperfeiçoar a gestão continuamente. São tantos termos, conceitos e definições que é importante conhecer as minucias de cada um, diante disso acessar um glossário é o ponto inicial.

GLOSSÁRIO DE TERMOS CONTÁBEIS

AÇÕES (OU QUOTAS) EM TESOURARIA: Instrumentos patrimoniais (de capital), como ações ou quotas, da própria entidade, possuídos pela entidade ou outros membros do grupo consolidado.

ADOÇÃO INICIAL DA CONTABILIDADE PARA PMEs: Situação em que a entidade apresenta, pela primeira vez, suas demonstrações contábeis anuais de acordo com a NBC TG 1.000 – Contabilidade para Pequenas e Médias Empresas, independentemente de ter sido o seu arcabouço contábil anterior o IFRS completo ou outra prática contábil.

ÁGIO POR EXPECTATIVA DE RENTABILIDADE FUTURA (fundo de comércio ou *goodwill*): Benefícios econômicos futuros decorrentes de ativos que não são passíveis de serem individualmente identificados nem separadamente reconhecidos. O *goodwill* é composto por bens intangíveis que valorizam a empresa e o negócio; tais como o bom relacionamento com os clientes, moral elevado dos empregados, bom conceito nos meios empresariais, boa localização, etc.

AMORTIZAÇÃO: Representa a conta que registra a diminuição do valor dos bens intangíveis registrados no ativo permanente, é a perda de valor de capital aplicado na aquisição de direitos de propriedade industrial ou comercial e quaisquer outros, com existência ou exercício de duração limitada.

ARRENDAMENTO MERCANTIL: Acordo por meio do qual o arrendador transfere ao arrendatário, em troca de pagamento, ou série de pagamentos, o direito de uso de determinado ativo por um período de tempo acordado entre as partes. Também conhecido como *leasing*.

ARRENDAMENTO MERCANTIL FINANCEIRO: Arrendamento que transfere substancialmente todos os riscos e benefícios vinculados à posse do ativo. O título de propriedade pode ou não ser futuramente transferido. Contabilmente esta operação caracteriza um financimanto onde o bem deve, inclusive, ser ativado.

ARRENDAMENTO MERCANTIL OPERACIONAL: Arrendamento que não transfere substancialmente todos os riscos e benefícios inerentes à posse do ativo. É a operação de leasing propriamente dita, onde se realiza um simples aluguel do bem.

ATIVIDADE DE FINANCIAMENTO: Atividade que resulta em alterações no tamanho e na composição do patrimônio integralizado e dos empréstimos da entidade. São os recursos obtidos do Passivo Não Circulante e do Patrimônio Líquido. Devem ser incluídos aqui os empréstimos e financiamentos de curto prazo. As saídas correspondem à amortização destas dívidas e os valores pagos aos acionistas a título de dividendos, distribuição de lucros.

ATIVIDADE DE INVESTIMENTO: Aquisição e alienação de ativos de longo prazo e de outros investimentos não incluídos em equivalentes de caixa. São os gastos efetuados no Realizável a Longo Prazo, em Investimentos, no Imobilizado ou no Intangível, bem como as entradas por venda dos ativos registrados nos referidos subgrupos de contas.

ATIVIDADE OPERACIONAL: As principais atividades geradoras de receita da entidade e de outras atividades que não sejam atividades de investimento ou de financiamento. São explicadas pelas receitas e gastos decorrentes da industrialização, comercialização ou prestação de serviços da empresa. Estas atividades têm ligação direta com o capital circulante líquido da empresa.

ATIVO: São todos os bens, direitos e valores a receber de uma entidade. Contas do ativo têm saldos devedores, à exceção das contas retificadoras (como depreciação acumulada e provisões para ajuste ao valor de mercado).

ATIVO CIRCULANTE: Dinheiro em caixa ou em bancos; bens, direitos e valores a receber no prazo máximo de um ano, ou seja realizável a curto prazo, (duplicatas, estoques de mercadorias produzidas, etc); aplicações de recursos em despesas do exercício seguinte.

ATIVO CONTINGENTE: Ativo possível, que resulta de acontecimentos passados e cuja realização será confirmada apenas pela ocorrência, ou não, de um ou mais acontecimentos futuros incertos, não totalmente sob controle da entidade.

ATIVO DIFERIDO: Subgrupo de contas de despesas pré-operacionais e os gastos de reestruturação que contribuiriam, efetivamente, para o aumento do resultado de mais de um exercício social e que não configurem tão-somente uma redução de custos ou acréscimo na eficiência operacional.

ATIVO FINANCEIRO: Qualquer ativo que seja dinheiro, instrumento patrimonial de outra entidade, direito contratual de receber dinheiro ou outro ativo financeiro de outra entidade; ou contrato que será ou que poderá vir a ser liquidado pelos instrumentos patrimoniais (como ações) da própria entidade.

ATIVO FISCAL DIFERIDO: Tributo recuperável em períodos futuros, referente a diferenças temporárias, compensação de prejuízos fiscais não utilizados e compensação de créditos fiscais não utilizados.

ATIVO IMOBILIZADO: Ativos tangíveis que são disponibilizados para uso na produção ou fornecimento de bens ou serviços, ou para locação por outros, para investimento, ou para fins administrativos e espera-se que sejam usados por mais de um período contábil.

ATIVO INTANGÍVEL: Ativo identificável não monetário sem substância física. Tal ativo é identificável quando é separável, isto é, capaz de ser separado ou dividido da entidade e vendido, transferido, licenciado, alugado ou trocado, tanto individualmente ou junto com contrato, ativo ou passivo relacionados; ou ainda origina direitos contratuais ou outros direitos legais, independentemente de esses direitos serem transferidos ou separáveis da entidade ou de outros direitos e obrigações.

ATIVO PERMANENTE: Grupo de contas que englobavam recursos aplicados em todos os bens ou direitos de permanência duradoura, destinados ao funcionamento normal da sociedade e do seu empreendimento, assim como os direitos exercidos com essa finalidade. O Ativo Permanente era composto de subgrupos: Investimentos, Imobilizado, Intangível e Diferido. A partir de 04.12.2008 tal terminologia foi extinta pela MP 449/2008, passando a integrar o Ativo Não Circulante.

ATIVO NÃO CIRCULANTE: São incluídos neste grupo todos os bens de permanência duradoura, destinados ao funcionamento normal da sociedade e do seu empreendimento, assim como os direitos exercidos com essa finalidade. O Ativo Não Circulante será composto dos seguintes subgrupos:

Ativo   Realizável   a   Longo   Prazo
Investimentos
Imobilizado
Intangível

BALANÇO: É um quadro (mapa, gráfico, etc.) onde é demonstrada a situação econômica/ financeira da empresa na data a que o balanço diz respeito. O balanço avalia a riqueza, isto é, o valor da empresa, mas não demonstra o seu resultado, apenas o apresenta em valor total, sendo a sua demonstração feita num outro documento chamado "demonstração de resultados". O balanço é composto por duas partes, que se encontram sempre em equilíbrio.O Ativo é igual ao Passivo mais o Patrimônio Líquido.

BALANÇO PATRIMONIAL: É a demonstração contábil destinada a evidenciar, qualitativa e quantitativamente, numa determinada data, a posição patrimonial e financeira da entidade. Demonstração que apresenta a relação de ativos, passivos e patrimônio líquido de uma entidade em data específica.

BASE FISCAL: A mensuração, conforme lei fiscal aplicável, de ativo, passivo ou instrumento patrimonial.

BENEFÍCIO A EMPREGADO:Todas as formas de retribuição dada pela entidade em troca dos serviços prestados pelo empregado.

BENEFÍCIO POR DESLIGAMENTO: Benefício a título de indenização por encerramento do contrato com empregados em virtude de decisão de a entidade terminar o vínculo empregatício do empregado antes da data normal de aposentadoria ou decisão do empregado de aderir a demissão voluntária em troca desse benefício.

BENS: Tudo que pode ser avaliado economicamente e que satisfaça necessidades humanas.

BENS DE CONSUMO: São bens não duráveis ou que são gastos ou consumidos no processo produtivo - depois de consumidos, representam despesas, tais como: combustíveis e lubrificantes, material de escritório, material de limpeza, etc.

BENS DE RENDA: Não destinados aos objetivos da empresa (imóveis destinados à renda ou aluguel).

BENSFIXOS OU IMOBILIZADOS: Representam os bens duráveis, com vida útil superior a 1 ano, como imóveis, veículos, máquinas, instalações, equipamentos, móveis e utensílios.

BENS INTANGÍVEIS: Não possuem existência física, porém, representam uma aplicação de capital indispensável aos objetivos sociais, como marcas e patentes, fórmulas ou processos de fabricação, direitos autorais, autorizações ou concessões, ponto comercial e fundo de comércio.

CAIXA: Dinheiro em caixa e depósitos à vista.

CAPITAL DE TERCEIROS: Representam recursos originários de terceiros utilizados para a aquisição de ativos de propriedade da entidade. Corresponde ao passivo exigível.

CAPITAL PRÓPRIO: São os recursos originários dos sócios ou acionistas da entidade ou decorrentes de suas operações sociais. Corresponde ao patrimônio líquido.

CAPITAL SOCIAL: É o valor previsto em contrato ou estatuto, que forma a participação (em dinheiro, bens ou direitos) dos sócios ou acionistas na empresa.

CAPITAL TOTAL À DISPOSIÇÃO DA EMPRESA: Corresponde à soma do capital próprio com o capital de terceiros. É também igual ao total do ativo da entidade.

CLASSE DE ATIVOS:Grupo de ativos de natureza e uso similares nas operações da entidade.

COLIGADA: Entidade, incluindo aquela não constituída na forma de sociedade, sobre a qual o investidor tem influência significativa e que não é nem controlada nem participação em empreendimento controlado em conjunto (*joint venture*).

COMBINAÇÃO DE NEGÓCIOS: União de entidades ou negócios separados produzindo demonstrações contábeis de uma única entidade que reporta.Operação ou outro evento por meio do qual um adquirente obtém o controle de um ou mais negócios, independentemente da forma jurídica da operação.

COMPONENTE DE ENTIDADE: Operações e fluxos de caixa que podem ser claramente distinguidos, operacionalmente e para fins de demonstrações contábeis, das demais operações da entidade.

COMPREENSIBILIDADE: A qualidade da informação de modo a torná-la compreensível por usuários que têm conhecimento razoável de negócios e atividades econômicas, bem como de contabilidade, e a disposição de estudar a informação com razoável diligência.

CONTABILIDADE: É a ciência que estuda e controla o patrimônio, objetivando representá-lo graficamente, evidenciar suas variações, estabelecer normas para sua interpretação, análise e auditagem e servir como instrumento básico para a tomada de decisões de todos os setores direta ou indiretamente envolvidos com a empresa.

CONTABILIDADE CIVIL: É exercida pelas pessoas que não têm como objetivo final o lucro, mas sim o instituto da sobrevivência ou bem-estar social.

CONTABILIDADE PRIVADA: Ocupa-se do estudo e registro dos fatos administrativos das pessoas de direito privado, tanto as físicas quanto as jurídicas, além da representação gráfica de seus patrimônios, dividindo-se em civil e comercial.

CONTABILIDADE PÚBLICA: Ocupa-se com o estudo e registro dos fatos administrativos das pessoas de direito público e da representação gráfica de seus patrimônios, visando três sistemas distintos: orçamentário, financeiro e patrimonial, para alcançar os seus objetivos, ramificando-se conforme a sua área de abrangência em federal, estadual, municipal e autarquias.

CONTAS DE RESULTADO: Registram as receitas e despesas, permitindo demonstrar o resultado do exercício.

CONTAS PATRIMONIAIS: Representam os elementos ativos e passivos (bens, direitos, obrigações e situação líquida).

CONTAS RETIFICADORAS DO ATIVO: São contas redutoras classificadas no ativo, tendo saldos credores, por isso são demonstradas com o sinal (-).

CONTRATO DE CONCESSÃO DE SERVIÇO: Contrato por meio do qual o governo ou outro órgão do setor público contrata com operadora privada para desenvolver (ou aprimorar), operar e manter os ativos de infraestrutura do concedente, tais como ruas, pontes, túneis, aeroportos, empresas de geração, transmissão ou distribuição de energia, prisões, hospitais, etc.

CONTRATO DE CONSTRUÇÃO: Contrato especificamente negociado para a construção de ativo ou de combinação de ativos que estejam intimamente interrelacionados ou interdependentes em termos da sua concepção, tecnologia e função ou do seu propósito ou utilização.

CONTRATO DE SEGURO: Contrato pelo qual uma parte (segurador) aceita um risco de seguro significativo de outra parte (segurado), aceitando indenizar o segurado no caso de evento específico, futuro e incerto (evento segurado) afetar adversamente o segurado.

CONTRATO ONEROSO: Contrato em que os custos inevitáveis de atender às obrigações do contrato excedem os benefícios econômicos que se espera receber com ele.

CONTROLADA: Entidade, incluindo aquela sem personalidade jurídica, tal como uma associação, controlada por outra entidade (conhecida como controladora).

CONTROLADORA: Entidade que possui uma ou mais controladas.

CONTROLE CONJUNTO (*Joint Venture*): Controle compartilhado ajustado em contrato sobre uma atividade econômica. Ele existe apenas quando as decisões financeiras e operacionais estratégicas relacionadas à atividade exigem o consentimento unânime das partes que partilham do controle (empreendedores).

CONTROLE (De Entidade): Poder de governar as políticas operacionais e financeiras da entidade de modo a obter benefícios de suas atividades.

CUSTO AMORTIZADO DE ATIVO FINANCEIRO OU PASSIVO FINANCEIRO: Montante pelo qual o ativo financeiro ou o passivo financeiro é mensurado pelo valor de seu reconhecimento inicial, mais os juros acumulados com base no método da taxa efetiva de juros, menos as amortizações de principal, menos qualquer redução (direta ou por meio de conta de retificação) por ajuste ao valor recuperável ou impossibilidade de recebimento.

CUSTO ATRIBUÍDO (*Deemed Cost*): O valor justo remensurado de ativo na data da transição para as normas internacionais de contabilidade prevista na NBC TG 1.000 que trata da Contabilidade para Pequenas ou Médias Empresas.

CUSTOS DOS EMPRÉSTIMOS: Juros e outros custos incorridos pela entidade com empréstimo de recursos.

DEMONSTRAÇÃO DOS FLUXOS DE CAIXA (DFC): Relaciona o conjunto de ingressos e desembolsos financeiros de empresa em determinado período. Procura-se analisar todo deslocamento de cada unidade monetária dentro da empresa.

DEMONSTRAÇÃO DE LUCROS OU PREJUÍZOS ACUMULADOS (DLPA): Tem por objetivo demonstrar a movimentação da conta de lucros ou prejuízos acumulados, ainda não distribuídos aos sócios titular ou aos acionistas, revelando os eventos que influenciaram a modificação do seu saldo. Essa demonstração deve, também revelar o dividendo por ação do capital realizado.

DEMONSTRAÇÃO DE MUTAÇÕES DO PATRIMÔNIO LÍQUIDO (DMPL): Fornece a movimentação ocorrida durante os exercícios nas contas componentes do Patrimônio Líquido, faz clara indicação do fluxo de uma conta para outra além de indicar a origem de cada acréscimo ou diminuição no PL.

DEMONSTRAÇÃO DE ORIGENS E APLICAÇÕES DE RECURSOS (DOAR): Tem por objetivo a demonstração contábil destinada a evidenciar num determinado período as modificações que originaram as variações no capital circulante líquido da Entidade. E apresentar informações relacionadas a financiamentos (origens de recursos) e investimentos (aplicações de recursos) da empresa durante o exercício, onde, estes recursos são os que afetam o capital circulante líquido (CCL) da empresa.

DEMONSTRAÇÃO DO RESULTADO ABRANGENTE: Demonstração que começa com lucro ou prejuízo do período e a seguir mostra os itens de outros resultados abrangentes do período.

DEMONSTRAÇÃO DO RESULTADO DO EXERCÍCIO (DRE): Destina-se a evidenciar a formação de resultado líquido do exercício, diante do confronto das receitas, custos e despesas apuradas segundo o regime de competência.

DEMONSTRAÇÃO DO VALOR ADICIONADO (DVA): Evidencia, de forma sintética, os valores correspondentes à formação da riqueza gerada pela empresa em determinado período e sua respectiva distribuição.

DEMONSTRAÇÕES CONTÁBEIS (OU FINANCEIRAS): Representação monetária estruturada da posição patrimonial e financeira em determinada data e das transações realizadas por uma entidade no período findo nessa data.

DEMONSTRAÇÕES CONTÁBEIS COMBINADAS: Demonstrações contábeis de duas ou mais entidades controladas por um único investidor.

DEMONSTRAÇÕES CONTÁBEIS CONSOLIDADAS: Demonstrações contábeis da controladora e suas controladas apresentadas como se fossem uma única entidade.

DEMONSTRAÇÕES CONTÁBEIS INTERMEDIÁRIAS: Demonstração contábil que contém um conjunto completo de demonstrações contábeis ou um conjunto de demonstrações contábeis condensadas para um período intermediário.

DEMONSTRAÇÕES CONTÁBEIS PARA FINS GERAIS: Demonstrações contábeis direcionadas às necessidades gerais de informação financeira de vasta gama de usuários que não estão em posição de exigir demonstrações feitas sob medida para atender suas necessidades particulares de informação.

DEMONSTRAÇÕES CONTÁBEIS SEPARADAS: Aquelas apresentadas por uma controladora, um investidor em um sócio com investimento em entidade controlada em conjunto, nas quais os investimentos são contabilizados com base na participação societária direta ao invés de se basear nos resultados declarados e nos ativos líquidos contábeis das entidades investidas.

DEPRECIAÇÃO ACUMULADA: Representa o desgaste de bens físicos registrados no ativo permanente, pelo uso, por causas naturais ou por obsolescência.

DESEMPENHO: Relação das receitas e das despesas da entidade na forma em que estão divulgadas na demonstração do resultado e do resultado abrangente.

DESPESAS: São gastos incorridos para, direta ou indiretamente, gerar receitas. As despesas podem diminuir o ativo e/ou aumentar o passivo exigível, mas sempre provocam diminuições na situação líquida.

DESPESAS ANTECIPADAS: Compreende as despesas pagas antecipadamente que serão consideradas como custos ou despesas no decorrer do exercício seguinte. Ex: seguros a vencer, alugueis a vencer e encargos a apropriar.

DESPESAS TRIBUTÁRIAS: Valor total incluído na demonstração do resultado para o período contábil referente aos tributos sobre o lucro corrente e diferido.

DESRECONHECIMENTO: Retirada (baixa na maior parte das vezes) de ativo ou passivo reconhecido anteriormente do balanço patrimonial da entidade.

DIFERENÇAS TEMPORAIS: Diferenças entre o valor contábil de ativo, passivo ou outro item nas demonstrações contábeis e sua base de cálculo fiscal que a entidade espera que vá afetar o lucro tributável quando o valor contábil do ativo ou passivo for recuperado ou liquidado (ou, no caso de itens que não sejam ativos ou passivos, que afetarão o lucro tributável no futuro).

DIREITO DE AQUISIÇÃO: Na transação de pagamento baseado em ações, o direito da contraparte de receber dinheiro, outros ativos ou instrumentos patrimoniais da entidade quando o direito da contraparte não for mais condicionado à satisfação de quaisquer condições de aquisição.

DIREITOS: Valores a serem recebidos de terceiros, por vendas a prazo ou valores de nossa propriedade que se encontram em posse de terceiros.

DISPONÍVEL: Composto pelas disponibilidades imediatas, representadas pelas contas de caixa, bancos conta movimento, cheques para cobrança e aplicações no mercado aberto.

DUPLICATA: Título de crédito cuja quitação prova o pagamento de obrigação oriunda de compra de mercadorias ou de recebimentos de serviços. É emitida pelo credor (vendedor da mercadoria) contra o devedor (comprador), pelo qual se deve ser remitida a este último para que a assine (ACEITE), reconhecendo seu débito. Este procedimento é denominado aceite.

EMPREENDIMENTO CONTROLADO EM CONJUNTO (*Joint Venture*): Acordo contratual por meio do qual duas ou mais partes empreendem uma atividade econômica que está sujeita ao controle conjunto. Empreendimentos conjuntos podem assumir a forma de operações controladas conjuntamente, ativos controlados conjuntamente ou entidades controladas conjuntamente.

EMPRÉSTIMO A PAGAR: Passivos financeiros que não obrigações comerciais de curto prazo a pagar em condições de crédito normais.

ENTIDADE GOVERNAMENTAL: Entidade do governo federal, estadual ou municipal, agências governamentais e órgãos semelhantes, sejam locais, nacionais ou internacionais.

EQUAÇÃO FUNDAMENTAL DA CONTABILIDADE: Ativo = Passivo Exigível + Patrimônio Líquido.

EQUIVALENTE DE CAIXA: Investimentos de curto prazo, altamente líquidos, que são prontamente conversíveis em dinheiro, e que estão sujeitos a risco insignificante de alterações no seu valor até sua efetiva conversão em caixa.

ESTOQUES: Representam os bens destinados à venda e que variam de acordo com a atividade da entidade. Ex: produtos acabados, produtos em elaboração, matérias-primas e mercadorias.

EXAUSTÃO: É o esgotamento dos recursos naturais não renováveis, em virtude de sua utilização para fins econômicos, registrados no ativo permanente.

EXERCÍCIO SOCIAL: É o espaço de tempo (12 meses), findo o qual as pessoas jurídicas apuram seus resultados; ele pode coincidir, ou não, com o ano-calendário, de acordo como que dispuser o estatuto ou o contrato social. Perante a legislação do imposto de renda, é chamado de período-base (mensal ou anual) de apuração da base de cálculo do imposto devido.

EXIGÍVEL À LONGO PRAZO: Até 04.12.2008, classificavam-se como exigibilidades com vencimento após o encerramento do exercício subseqüente. A partir desta data, tais exigibilidades são denominadas "Passivo Não Circulante", no entanto, tal nomenclatura ainda é utilizada para fins de análise dos demonstrativos contábeis.

FATOS ADMINISTRATIVOS: São os que provocam alterações nos elementos do patrimônio ou do resultado. Por essa razão, também são denominados fatos contábeis.

FATOS MISTOS OU COMPOSTOS: São os que combinam fatos permutativos com fatos modificativos, logo podem ser aumentativos (combinam fatos permutativos com fatos modificativos aumentativos), ou diminutivos (combinam fatos permutativos com fatos modificativos diminutivos).

FATOS MODIFICATIVOS: São os que provocam alterações no valor do patrimônio líquido (PL) ou situação líquida (SL), podem ser aumentativos (quando provocam acréscimos no valor do patrimônio líquido) ou diminutivos (quando provocam reduções no valor do patrimônio líquido).

FATOS PERMUTATIVOS: São os que não provocam alterações no valor do patrimônio líquido (PL) ou situação líquida (SL), mas podem modificar a composição dos demais elementos patrimoniais.

FLUXOS DE CAIXA: Entradas e saídas de caixa e equivalentes de caixa.

FUNÇÕES DA CONTABILIDADE: Registrar, organizar, demonstrar, analisar e acompanhar as modificações do patrimônio em virtude da atividade econômica ou social que a empresa exerce no contexto econômico.

GANHOS: Aumentos em benefícios econômicos e, como tais, não são diferentes em sua natureza das receitas.

GRUPO ECONÔMICO: Controladora e todas as suas controladas.

IMOBILIZADO: Bens e direitos destinados às atividades da empresa; terrenos, edifícios, máquinas e equipamentos, veículos, móveis e utensílios, obras em andamento para uso próprio, etc.

INSTRUMENTO FINANCEIRO: Contrato que origina um ativo financeiro de uma entidade e um passivo financeiro ou instrumento patrimonial de outra entidade.

INSTRUMENTO FINANCEIRO COMPOSTO: Instrumento financeiro que, do ponto de vista do emissor, inclui um componente de dívida e um componente patrimonial.

INSTRUMENTO FINANCEIRO NEGOCIADO EM MERCADO ORGANIZADO: Instrumentos negociados, ou em processo de emissão para negociação em mercado de ações (em bolsa de valores nacional ou estrangeira ou em mercado de balcão, incluindo mercados locais ou regionais).

INVESTIMENTOS: Recursos aplicados em participações em outras sociedades e em direitos de qualquer natureza que não se destinam à manutenção da atividade da empresa. O conceito principal é que a empresa não deve usar os bens nas suas atividades rotineiras; ações, patentes, obras de arte, imóveis destinados ao arrendamento, imóveis não utilizados.

ITENS MONETÁRIOS: Unidades monetárias disponíveis e ativos e passivos a serem recebidos ou pagos em valor fixo ou determinável de unidades monetárias.

LICENÇA REMUNERADA ACUMULÁVEL: Ausências remuneradas que serão compensadas em períodos futuros, quando não totalmente compensadas no período corrente (como férias).

LUCRO TRIBUTÁVEL (Prejuízo Fiscal): O lucro (prejuízo) para um período de declaração sobre o qual tributos sobre o lucro são pagáveis ou recuperáveis, determinados de acordo com as regras estabelecidas pelas autoridades tributárias. Lucro tributável é igual à receita tributável menos quantias dedutíveis da receita tributável.

LUCROS ACUMULADOS: Resultado positivo acumulado da entidade. Enquanto não distribuídos ou capitalizados, consideram-se como reservas de lucros.

MATERIALIDADE: Omissões ou declarações inexatas de itens são materiais se elas puderem, individual ou coletivamente, influenciar as decisões econômicas de usuários tomadas com base nas demonstrações contábeis. A materialidade depende do tamanho e da natureza da omissão ou imprecisão julgada nas circunstâncias que a envolvem. O tamanho e natureza do item, ou a combinação de ambos, poderia ser o fator determinante.

MENSURAÇÃO: Processo de determinação de quantias monetárias com que os elementos das demonstrações contábeis devem ser reconhecidos e apresentados no balanço patrimonial, na demonstração do resultado e na demonstração do resultado abrangente.

MÉTODA DA TAXA EFETIVA DE JUROS: Método de cálculo do custo amortizado de ativo ou passivo financeiro (ou grupo de ativos ou passivos financeiros) e de alocação da receita ou da despesa de juros sobre o período pertinente (método do juro composto).

MÉTODO DE CRÉDITO UNITÁRIO PROJETADO: Método de avaliação atuarial que percebe cada período como originando uma unidade adicional de direito ao benefício e mede cada unidade separadamente para constituir a obrigação final (o que algumas vezes é chamado de método de benefício acumulado proporcional ao tempo de serviço ou como método de anos/benefício de serviço).

MOEDA DE APRESENTAÇÃO: Moeda em que as demonstrações contábeis são apresentadas.

MOEDA FUNCIONAL: Moeda do ambiente econômico principal em que a entidade opera.

MUDANÇA DE ESTIMATIVA CONTÁBIL: Ajuste do valor contábil de ativo ou passivo, ou a quantia da baixa periódica de ativo, que resulte da estimativa da situação de ativos e passivos, bem como de benefícios futuros esperados e obrigações a eles relacionadas. Mudanças nas estimativas contábeis resultam de novas informações ou novos desdobramentos e, por isso, não são correção de erros.

NORMAS INTERNACIONAIS DE CONTABILIDADE: Normas e Interpretações adotadas pela Junta Internacional de Normas Contábeis (IASB). Tais normas englobam as Normas Internacionais de Relatórios Financeiros (IFRS), as Normas Internacionais de

Contabilidade (IAS) e as Interpretações desenvolvidas pelo Comitê de Interpretações das Normas Internacionais de Relatórios Financeiros (IFRIC) ou pelo antigo Comitê Permanente de Interpretações (SIC).

NOTA PROMISSÓRIA: Título de dívida líquida e certa pelo qual a pessoa se compromete a pagar a outra uma certa quantia em dinheiro num determinado prazo. Por se tratar de título emitido pelo devedor a favor do credor, dispensa a formalidade do aceite.

NOTAS EXPLICATIVAS (NE): Visam fornecer as informações necessárias para esclarecimento da situação patrimonial, ou seja, de determinada conta, saldo ou transação, ou de valores relativos aos resultados do exercício, ou para menção de fatos que podem alterar futuramente tal situação patrimonial, ou ainda, poderá estar relacionada a qualquer outra das Demonstrações Financeiras. As notas explicativas contêm informações além daquelas apresentadas no balanço patrimonial, na demonstração do resultado abrangente, na demonstração do resultado, nas demonstrações dos lucros ou prejuízos acumulados e do valor adicionado (se apresentadas), na demonstração das mutações do patrimônio líquido e na demonstração dos fluxos de caixa; oferecendo descrições narrativas ou composição de valores apresentados nessas demonstrações e informações sobre itens que não se qualificam para o reconhecimento nessas demonstrações.

OBRIGAÇÕES: São dívidas ou compromissos de qualquer espécie ou natureza assumidos perante terceiros, ou bens de terceiros que se encontram em nossa posse.

OBRIGAÇÃO PÚBLICA DE PRESTAÇÃO DE CONTAS (*Accountability*): Obrigação de prestação de contas aos fornecedores de recursos presentes e potenciais e outros externos à entidade que tomam decisões econômicas, mas não estão em posição de exigir relatórios feitos sob medida para atender suas necessidades particulares de informação. A entidade tem responsabilidade pública se seus instrumentos de dívida ou patrimoniais são trocados em mercado de ações ou estiver no processo de emissão de tais instrumentas para troca em mercado de ações (em bolsa de valores nacional ou estrangeira ou em mercado de balcão, incluindo mercados locais ou regionais); ou se possuir ativos em condição fiduciária perante grupo amplo de terceiros como um de seus principais negócios. Esse é o caso típico de bancos, cooperativas de crédito, companhias de seguro, corretoras de seguro, fundos mútuos, bancos de investimento, etc.

OPERAÇÃO DESCONTINUADA: Componente da entidade que foi alienado ou detido para venda, e representa um ramo separado de negócios importante, ou área geográfica de operações; é parte de um plano coordenado único para liquidar um ramo separado de negócios importante, ou área geográfica de operações; ou é uma controlada adquirida exclusivamente com vistas à revenda.

OUTROS RESULTADOS ABRANGENTES: Itens de receita e despesa (incluindo ajustes de reclassificação de receita) que não são reconhecidos como resultado, conforme exigido ou permitido por esta Norma.

PARTICIPAÇÃO DE NÃO CONTROLADORES:Parte do patrimônio líquido da controladanão atribuível, direta ou indiretamente, à controladora (comumente conhecida como participação de minoritários).

PASSIVO: Obrigação presente da entidade, derivada de eventos já ocorridos,, cuja liquidação se espera resulte em saída de recursos capazes de gerar benefícios econômicos.

PASSIVO A DESCOBERTO: Quando o total de ativos (bens e direitos) da entidade é menor do que o passivo exigível (obrigações).

PASSIVO CIRCULANTE: Obrigações ou exigibilidades que deverão ser pagas no decorrer do exercício seguinte; duplicatas a pagar, contas a pagar, títulos a pagar, empréstimos bancários, imposto de renda a pagar, salários a pagar.

PASSIVO CONTINGENTE: Obrigação possível que resulta de acontecimentos passados e cuja existência será confirmada apenas pela ocorrência ou não de um ou mais acontecimentos futuros incertos não totalmente sob controle da entidade; ou obrigação presente que resulta de acontecimentos passados, mas que não é reconhecida.

PASSIVO DE BENEFÍCIO DEFINIDO (Valor Presente):Valor presente da obrigação de benefício definido no final do período contábil, deduzido do valor justo nesse mesmo período de quaisquer ativos do plano (se houver), dos quais as obrigações devem ser liquidadas diretamente.

PASSIVO EXIGÍVEL: São as obrigações financeiras para com terceiros. Contas do passivo exigível têm saldos credores.

PASSIVO FINANCEIRO: Qualquer passivo que seja obrigação contratual de entregar dinheiro ou outro ativo financeiro para outra entidade ou de trocar ativos ou passivos financeiros com outra entidade sob condições que são potencialmente desfavoráveis à entidade; ou ainda um contrato que será ou poderá vir a ser liquidado por meio de instrumentos patrimoniais da própria entidade e pelo qual a entidade é ou pode ser obrigada a receber um número variável de instrumentos patrimoniais da própria entidade.

PASSIVO FISCAL DIFERIDO: Tributo a pagar ou a compensar em períodos contábeis futuros, referente a diferenças temporárias.

PATRIMÔNIO LÍQUIDO: Valor que os proprietários têm aplicado. Contas do patrimônio líquido têm saldos credores, divide-se em: Capital social; Reservas de capital; Reservas de reavaliação, Reservas de lucros; e Lucros/Prejuízos acumulados.

PASSIVO NÃO CIRCULANTE: Obrigações da entidade, inclusive financiamentos para aquisição de direitos do ativo não-circulante, quando se vencerem após o exercício seguinte.

PERDAS POR DESVALORIZAÇÃO (*Impairment*): Valor contábil do ativo que excede (a) no caso de estoques, seu preço de venda menos o custo para completá-lo e despesa de vendê-lo ou (b) no caso de outros ativos, seu valor justo menos a despesa para a venda.

PERÍODO DE DIVULGAÇÃO: Período coberto pelas demonstrações contábeis ou por demonstração contábil intermediária.

PERÍODO INTERMEDIÁRIO: Período de prestação de contas menor que um exercício social completo.

PERMANENTE: Até 04.12.2008, relacionavam-se com bens e direitos classificáveis nos investimentos, imobilizado, diferido e intangível. Após esta data, este grupo passou a denominar-se Ativo Não Circulante, extinguindo-se também o subgrupo do diferido.

POLÍTICA CONTÁBIL: Princípios, bases, convenções, regras e práticas específicos aplicados pela entidade na elaboração e apresentação das demonstrações contábeis.

POSIÇÃO FINANCEIRA: Relação de ativos, passivos e patrimônio da entidade na forma em que estão divulgados no balanço patrimonial.

PREJUÍZOS ACUMULADOS: Conta que registra as perdas acumuladas da entidade, já absorvidas pelas demais reservas ou lucros acumulados.

PRINCÍPIOS CONTÁBEIS: Regras que passaram a ser seguidas e aceitas - constituindo-se a teoria que fundamenta a Ciência Contábil. No Brasil, os princípios contábeis são os estabelecidos pela Resolução CFC 750/93 - sendo utilizados na formação deste glossário.

PRINCÍPIO DA ATUALIZAÇÃO MONETÁRIA: Existe em função do fato de que a moeda – embora universalmente aceita como medida de valor – não representa unidade constante de poder aquisitivo. Por conseqüência, sua expressão formal deve ser ajustada, a fim de que permaneçam substantivamente corretos – isto é, segundo as transações originais – os valores dos componentes patrimoniais e, via de decorrência, o Patrimônio Líquido.

PRINCÍPIO DA COMPETÊNCIA: É o Princípio que estabelece quando um determinado componente deixa de integrar o patrimônio, para transformar-se em elemento modificador do Patrimônio Líquido.

PRINCÍPIO DA CONTINUIDADE: Afirma que o patrimônio da Entidade, na sua composição qualitativa e quantitativa, depende das condições em que provavelmente se desenvolverão as operações da Entidade. A suspensão das suas atividades pode provocar efeitos na utilidade de determinados ativos, com a perda, até mesmo integral, de seu valor. A queda no nível de ocupação pode também provocar efeitos semelhantes.

PRINCÍPIO DA ENTIDADE: Reconhece o Patrimônio como objeto da Contabilidade e afirma a autonomia patrimonial, a necessidade da diferenciação de um Patrimônio particular no universo dos patrimônios existentes, independentemente de pertencer a uma pessoa, um conjunto de pessoas, uma sociedade ou instituição de qualquer natureza ou finalidade, com ou sem fins lucrativos. Por conseqüência, nesta acepção, o patrimônio não se confunde com aqueles dos seus sócios ou proprietários, no caso de sociedade ou instituição.

PRINCÍPIO DA OPORTUNIDADE: Refere-se, simultaneamente, à tempestividade e à integridade do registro do patrimônio e das suas mutações, determinando que este seja feito de imediato e com a extensão correta, independentemente das causas que as originaram.

PRINCÍPIO DA PRUDÊNCIA: Determina a adoção do menor valor para os componentes do ATIVO e do maior para os do PASSIVO, sempre que se apresentem alternativas igualmente válidas para a quantificação das mutações patrimoniais que alterem o Patrimônio Líquido.

PRINCÍPIO REGISTRO PELO VALOR ORIGINAL: Determina que os componentes do patrimônio devem ser registrados pelos valores originais das transações com o mundo exterior, expressos a valor presente na moeda do País, que serão mantidos na avaliação das variações patrimoniais posteriores, inclusive quando configurarem agregações ou decomposições no interior da Entidade.

PROPRIEDADE PARA INVESTIMENTO: Imóvel (terreno ou construção, ou parte de construção, ou ambos) mantido pelo proprietário ou arrendatário sob arrendamento para receber pagamento de aluguel ou para valorização de capital, ou ambos, que não seja para o uso na produção ou fornecimento de bens ou serviços ou para fins administrativos ou para venda no curso normal dos negócios.

PROVISÃO: Acréscimo de exigibilidade cujo valor e/ou prazo de pagamento ainda não está totalmente definido.

PROVISÃO PARA DEVEDORES DUVIDOSOS: Conta que registra as perdas verificadas em períodos anteriores num determinado valor para cobertura das duplicatas que venham a ser consideradas incobráveis.

REALIZÁVEL À LONGO PRAZO: Direitos realizáveis após o término do exercício subseqüente; direitos derivados de vendas, adiantamentos ou empréstimos a sociedades coligadas ou controladas, acionistas, diretores ou participantes no lucro (não constituem negócios usuais).

RECEITAS: São entradas de elementos para o ativo da empresa, na forma de bens ou direitos que sempre provocam um aumento da situação líquida. Aumento de benefícios econômicos durante o período contábil na forma de entradas ou aumentos de ativos ou reduções de passivos que resultam em aumento no patrimônio líquido, com exceção daqueles relativos a contribuições de capital feitas por proprietários.

RECONHECIMENTO: O processo de incorporação ao balanço patrimonial ou à demonstração do resultado e do resultado abrangente de item que atende à definição de elemento e que é provável benefício econômico futuro associado com o item flua para ou da entidade e que tenha custo ou valor que pode ser mensurado com confiança.

REGIME DE CAIXA: Quando, na apuração dos resultados do exercício são considerados apenas os pagamentos e recebimentos efetuados no período. Só pode ser utilizado em entidades sem fins lucrativos, onde os conceitos de recebimentos e pagamentos muitas vezes identificam-se com os conceitos de receitas e despesas.

REGIME DE COMPETÊNCIA: Quando, na apuração dos resultados do exercício, são considerados as receitas e despesas, independentemente de seus recebimentos ou pagamentos. É obrigatório nas entidades com fins lucrativos.

RESERVAS DE CAPITAL: São contribuições recebidas por proprietários ou de terceiros, que nada têm a ver com as receitas ou ganhos.

RESERVAS DE LUCROS: São obtidas pela apropriação de lucros da companhia ou da empresa por vários motivos, por exigência legal, estatutária ou por outras razões.

RESERVAS DE REAVALIAÇÃO: Indicavam acréscimo de valor ao custo de aquisição de Ativos já corrigidos monetariamente, baseado no mercado, até 31.12.2007. A possibilidade de formação de tais reservas foi extinta pela Lei 11.638/2007.

RESULTADO ABRANGENTE: Mutação no patrimônio líquido durante um período resultante de transações e outros eventos, exceto mutações resultantes de transações de capital com proprietários e em sua condição de proprietários (igual à soma do lucro ou prejuízo líquido do período com os outros resultados abrangentes).

RESULTADO DE EXERCÍCIO FUTURO: Compreende as receitas recebidas antecipadamente (receita antecipada) que de acordo com o regime de competência pertence a exercício futuro, deduzido das respectivas despesas e custos. Este grupo foi extinto pela MP 449/2008.

RESULTADO DO PERÍODO: Total das receitas menos as despesas, excluindo os itens de outros resultados abrangentes.

RESULTADO OPERACIONAL: lucro ou prejuízo operacional - representa o resultado das atividades, principais ou acessórias, que constituem objeto da pessoa jurídica.

SUBVENÇÃO GOVERNAMENTAL: Assistência dada pelo governo na forma de transferências de recursos a uma entidade em troca do cumprimento de certas condições relacionadas às suas atividades operacionais.

TAXA EFETIVA DE JUROS: Taxa que desconta os pagamentos ou recebimentos futuros de caixa estimados, durante a vida esperada do instrumento financeiro ou, quando apropriado, por um período mais curto, ao valor contábil líquido do ativo ou passivo financeiro.

TEMPESTIVIDADE: Oferecer a informação nas demonstrações contábeis dentro do período adequado para a decisão.

TRANSAÇÃO COM PARTES RELACIONADAS: Transferência de recursos, serviços ou obrigações entre partes relacionadas, independentemente do preço cobrado.

TRANSAÇÃO DE PAGAMENTO BASEADA EM AÇÕES: Uma transação na qual a entidade recebe bens ou serviços (incluindo serviços de empregado) como compensação por instrumentos patrimoniais da entidade (incluindo ações ou opções de ação), ou adquire bens ou serviços contraindo passivos com o fornecedor desses bens ou serviços por valores que são baseados no preço das ações da entidade ou outros instrumentos patrimoniais da entidade.

TRIBUTO CORRENTE: Tributo a pagar (recuperável) referente ao lucro tributável (prejuízo fiscal) para o período de declaração corrente e períodos passados.

TRIBUTO DIFERIDO: Tributo a pagar (recuperável), referente ao lucro tributável (prejuízo fiscal) para períodos de declaração futuros, em decorrência de transações ou eventos passados.

TRIBUTOS SOBRE O LUCRO: Todos os impostos nacionais e estrangeiros que têm como base lucros tributáveis. Imposto de renda também inclui impostos tais como impostos retidos na fonte, que são pagos por controlada, coligada ou empreendimento controlado em conjunto em distribuições de resultado para a entidade.

UNIDADE GERADORA DE CAIXA: Menor grupo de ativos identificáveis que gera entradas de caixa que são, em grande parte, independentes de entradas de caixa de outros ativos ou grupos de ativos.

VALOR CONTÁBIL: Valor em que um ativo ou passivo é reconhecido no balanço patrimonial.

VALOR DEPRECIÁVEL: Custo do ativo, ou outra quantia substituta do custo (nas demonstrações contábeis), menos o seu valor residual.

VALOR EM USO: Valor presente de fluxos de caixa futuros que se espera venha a ser gerado com um ativo ou uma unidade geradora de caixa.

VALOR INTRÍNSECO: A diferença entre o valor justo das ações pelo qual a contraparte tem direito (condicional ou incondicional) de subscrever, ou o direito de receber, e o preço (se existir) que a contraparte tem que pagar por essas ações. Por exemplo, uma opção de ação tem um preço de exercício de $ 15, e a ação tem um valor justo de $ 20; o valor intrínseco, então, é de $ 5.

VALOR JUSTO: Valor pela qual um ativo pode ser trocado, um passivo liquidado, ou um instrumento patrimonial concedido, entre partes conhecedoras e dispostas a isso, em uma transação em que não haja relação de privilégio entre elas.

VALOR JUSTO MENOS DESPESAS PARA VENDER: Valor que pode ser obtido com a venda de ativo ou unidade geradora de caixa, em uma transação entre as partes, isentas de interesse, que devem ser conhecedoras e dispostas a isso, menos as despesas da venda.

VALOR PRESENTE: Estimativa do valor presente descontado de fluxos de caixa líquidos no curso normal dos negócios.

VALOR RECUPERÁVEL: O maior valor entre o valor justo diminuído das despesas de venda de um ativo e seu valor em uso.

VALOR RESIDUAL DE ATIVO: Valor estimado que a entidade obteria no presente com a alienação do ativo, após deduzir as despesas estimadas da alienação, se o ativo já estivesse com a idade e com a condição esperada no fim de sua vida útil.

VIDA ÚTIL: Período ao longo do qual se espera que um ativo esteja disponível para uso pela entidade, ou o número de unidades de produção ou de unidades similares que se espera obter do ativo pela entidade.

PARTE 22 - Dicas de Negócio

Estamos em um mundo que não para de evoluir, e os profissionais de contabilidade precisam se reinventar para acompanhar os novos conceitos utilizados. Os contabilistas não podem, em momento algum, deixar de se atualizar e estudar assuntos correlatos à contabilidade, ao mercado financeiro, ao sistema de tributação e à tecnologia que cerca todos estes conceitos. Faça um planejamento para a seu escritório de contabilidade, visando o desenvolvimento e crescimento, para isso destacamos os seguintes pontos a serem observados:

· Invista em um site e marketing de conteúdo - Diariamente milhares de pessoas consomem conteúdo na internet. Quando seu escritório está presente nas redes sociais, como o Facebook ou o Linkedin, demonstra que está acompanhando a transformação digital, que você é um contador do futuro e que quer estar próximo do seu cliente.

· Aposte nos multicanais de atendimento ao cliente Com a evolução tecnológica dos dias atuais, seu escritório contábil não pode mais deixar os clientes apenas à mercê de retornos de e-mail ou ligações telefônicas. Explore as redes sociais, WhatsApp, chats on-line e outros.

· Conheça seu perfil de clientes - Todas os clientes são diferentes e o escritório de contabilidade que perceber isso terá um grande diferencial em relação aos seus concorrentes. Conheça e entenda o perfil de cada cliente, os desejos e expectativas são diferentes. Para isso três dicas são fundamentais:

1 – Seu serviço ou produto tem que surpreender, ser o melhor possível

2 – O atendimento de sua equipe tem que superar as expectativas

3 – Aprenda com suas experiências, melhorar continuamente

· Faça uma precificação adequada - Faça um levantamento de todos os serviços prestados, horas utilizadas para a realização das tarefas e assim identificar a margem e valores cobrados por cada serviço. Assim, você garante que todos os custos fixos e variáveis sejam cobertos e você ainda consegue lucrar para ampliar o escritório.

· Defina um nicho especifico - Analise seus concorrentes e estabeleça quais áreas possuem maior oportunidade de negócios. A melhor forma de fidelizar seu cliente e oferecer um serviço especializado e de forma diferenciada.

· Use a tecnologia como um aliado - Atualmente a tecnologia é o grande aliado dos escritórios de contabilidade. Explore ao máximo os recursos tecnológicos.

· Tenha visão empresarial - Visão empresarial é quando você consegue enxergar a empresa além do presente, dentro do segmento de atuação. É a visão futura do negócio, sempre pensando nas tendências e estratégias que beneficiarão a organização a longo prazo. . Mesmo que a opção seja um pequeno escritório de contabilidade, é fundamental colocar em prática todos os itens destacados, isso permitirá maior velocidade nas decisões, reduzirá as possibilidades de erro e com certeza aumentará as chances de sucesso.

PARTE 23 - Características Específicas do Empreendedor

O empreendedor que possui características específicas para o segmento de contabilidade pode fazer toda a diferença para o sucesso de seu escritório. Algumas características são essenciais e influenciam diretamente no sucesso do negócio e, de forma geral, envolvem criatividade, inovação e iniciativa.

1 - Características essenciais para o empreendedor de um escritório de contabilidade

· Ser formado e especialista no segmento

· Agilidade e assertividade nas soluções para os clientes

· Ter criatividade e ser inovador

· Ser persistente e ter propósitos definidos

· Habilidade com perfil das pessoas

· Buscar informações atualizadas sobre o setor

· Ter uma visão prospectiva

· Manter bom relacionamento de parceria com seus concorrentes

· Organizado e administrador do tempo

· Habilidade de antecipar possíveis problemas

· Facilidade de relacionamento

· Conhecimento de técnicas de negociação

· Agilidade com números

· Detalhista e perfeccionista

· Aptidão para ouvir

· Capacidade de delegar tarefas

· Interesse por pesquisas e atualidades

2 - Para uma boa administração do escritório de contabilidade, são competências fundamentais:

· Cumprir compromissos funcionais

· Assiduidade e pontualidade

· Compromisso com prazos e tarefas

· Disponibilidade de tempo para reuniões de planejamento

· Disposição para organizar e documentar as informações de clientes Um empreendedor "saberá aprender o que for necessário para a criação, desenvolvimento e realização de sua visão". (DOLABELA, 1999 p. 70). Considerando se esta afirmativa, percebe-se em qualquer área que se deseje atuar é preciso estar disposto a aprender. Para aumentar as chances de sucesso é fundamental que o empreendedor desenvolva as competências e habilidades relacionadas ao negócio.

PARTE 24 -Bibliografia Complementar

5 DICAS para melhorar a gestão do escritório contábil para aplicar na sua empresa agora! Hasa, [s.d]. Disponível em:. Acesso em: 05 de dezembro de 2019.

BARSSALOBRE Amanda. Tudo O Que Você Precisa Saber Para Abrir Um Escritório De Contabilidade De Sucesso!. 2018. Disponível em . Acesso em 23 de novembro de 2019.

COMO ter um Escritório Contábil de Sucesso? Cefis, [s.d]. Disponível em:. Acesso em: 05 de dezembro de 2019.

FERNANDES, Regina. Afinal, o que faz um escritório de contabilidade? Capitalsocial, 2013. Disponível em:. Acesso em: 05 de dezembro de 2019.

GONCALVES Vinicius. Como Montar Um Escritório De Contabilidade [Dicas E Passos]. 2013. Disponível em . Acesso em 23 de novembro de 2019.

LIETTI Tamires. 5 passos para abrir um escritório de contabilidade. 2016. Disponível em . Acesso em 23 de novembro de 2019.

MARQUES, Natália. Entenda Quais São Os Departamentos De Um Escritório De Contabilidade. Rede, 2019. Disponível em:. Acesso em: 05 de dezembro de 2019.

MENDES, Rodrigo. Estrutura organizacional para escritório de contabilidade. Alterdata, 2017. Disponível em:. Acesso em: 05 de dezembro de 2019.

MERCADO contábil: 6 dicas para quem deseja iniciar nele. Fortestecnologia, [s.d]. Disponível em:. Acesso em: 05 de dezembro de 2019.

MERCADO contábil: 6 dicas para quem está iniciando nele. Jornalcontabil, 2019. Disponível em:. Acesso em: 05 de dezembro de 2019.

NICHOS da contabilidade: descubra como escolher o seu! Fortestecnologia, [s.d]. Disponível em:. Acesso em: 05 de dezembro de 2019.

PORTAL da Transparência CRCSP. Crcsp, 2019. Disponível em:. Acesso em: 05 de dezembro de 2019.

ROTINAS contábeis: o que são e como aperfeiçoa-las. 2018. Disponível em:. Acesso em: 05 de dezembro de 2019.

ROVEDA Vinicius. 9 dicas para abrir um escritório de contabilidade. 2018. Disponível em . Acesso em 23 de novembro de 2019.

Valorização Contábil. Certisign, 2018. Disponível em:. Acesso em: 05 de dezembro de 2019.

VEJA 6 benefícios de se automatizar processos da contabilidade. Suportecont, 2017. Disponível em:. Acesso em: 05 de dezembro de 2019.

PARTE 25 - Fonte de Recurso

O empreendedor pode buscar junto às agências de fomento linhas de crédito que possam ser utilizadas para ajudá-lo no início do negócio. Algumas instituições financeiras também possuem linhas de crédito voltadas para o pequeno negócio e que são lastreadas pelo Fundo de Aval às Micro e Pequenas Empresas (Fampe), em que o

Sebrae pode ser avalista complementar de financiamentos para pequenos negócios, desde que atendidas alguns requisitos preliminares. Maiores informações podem ser obtidas na página do Sebrae na web.

PARTE 25 - Planejamento Financeiro

Ao empreendedor não basta vocação e força de vontade para que o negócio seja um sucesso. Independentemente do segmento ou tamanho da empresa, necessário que haja um controle financeiro adequado que permita a mitigação de riscos de insolvência em razão do descasamento contínuo de entradas e saídas de recursos. Abaixo, estão listadas algumas sugestões que auxiliarão na gestão financeira do negócio:

· Fluxo de Caixa - Para um escritório de contabilidade é fundamental controlar as despesas da empresa, isso é realizado por meio do acompanhamento contínuo da entrada e da saída de dinheiro através do fluxo de caixa. Esse controle permite ao empreendedor visão ampla da situação financeira do negócio, facilitando a contabilização dos ganhos e gestão da movimentação financeira.

. Capital de Giro - O período entre a prestação de serviço e o recebimento, pode ser longo e a necessidade de recursos será suprida pelo capital de giro. No entanto, ter esse recurso disponível não é suficiente porquanto ser premissa sua boa gestão, ou seja, somente deverá ser utilizado para honrar compromissos imediatos ou lidar com problemas de última hora.

· Princípio da Entidade - O patrimônio da empresa não se mistura com o de seu proprietário. Portanto, jamais se deve confundir a conta pessoal com a conta empresarial, isso seria uma falha de gestão gravíssima que pode levar o negócio à bancarrota. Ao não separar as duas contas, a lucratividade do negócio tende a não ser atingida, sendo ainda mais difícil reinvestir os recursos, gerados pela própria operação. É o caminho certo para o fracasso empresarial.

· Despesas - Assim como a maioria dos negócios, os escritórios de contabilidade, possuem despesas fixas e variáveis que deverão ser horadas para evitar problemas futuros. Embora pequenas, o seu controle é essencial para que não reduzam a lucratividade do negócio.

· Reservas/Provisões - No caso de um escritório de contabilidade, a necessidade de provisões para troca de equipamentos mais modernos é uma necessidade deste modelo de negócio. Este recurso funcionará como um fundo de reserva.

· Empréstimos - Poderão ocorrer situações em que o empresário necessitará de recursos para alavancar os negócios. No entanto, não deverá optar pela primeira proposta, mas estar atento ao que o mercado oferece, pesquisando todas as opções disponíveis. Deve te cuidado especialmente com as condições de pagamento, juros e taxas de administração. A palavra-chave é renegociação, de forma a evitar maior incidência de juros. · Objetivos Definidos os objetivos, deve-se elaborar e implementar os planos de ação, visando amenizar erros ou definir ajustes que facilitem a consecução dos objetivos financeiros estabelecidos.

· Utilização de Softwares - As novas tecnologias são de grande valia para a realização das atividades de gerenciamento, pois possibilitam um controle rápido e eficaz. O empreendedor poderá consultar no mercado as mais variadas ferramentas e escolher a que mais adequada for a suas necessidades.

PARTE 26 -Produtos e Serviços - Sebrae

O empreendedor que deseja atuar no segmento de contabilidade, pode aproveitar todas as ferramentas de gestão e conhecimento criadas para ajudar a impulsionar o seu negócio. Para consultar a programação disponível em seu estado, entre em contato pelo telefone 0800 570

0800. Confira as principais opções de orientação empresarial e capacitações oferecidas pelo Sebrae:

· Cursos online e gratuitos http://www.sebrae.com.br/sites/PortalSebrae/cursosonline

1 - Para desenvolver o comportamento empreendedor Empretec - Metodologia da Organização das Nações Unidas (ONU) que proporciona o amadurecimento de características empreendedoras, aumentando a competitividade e as chances de permanência no mercado. http://goo.gl/SD5GQ9

2 - Para quem quer começar o próprio negócio

As soluções abaixo são uteis para quem quer iniciar um negócio. Pessoas que não possuem negócio próprio, mas que querem estruturar uma empresa. Ou pessoas que tem experiência em trabalhar por conta própria e querem se formalizar Plano de Negócios - O plano irá orientá-lo na busca de informações detalhadas sobre o ramo, os produtos e os serviços a serem oferecidos, além de clientes, concorrentes, fornecedores e pontos fortes e fracos, construindo a viabilidade da ideia e na gestão da empresa. http://goo.gl/odLojT

3 - Para quem quer inovar

Ferramenta Canvas online e gratuita - A metodologia Canvas ajuda o empreendedor a identificar como pode se diferenciar e inovar no mercado. https://www.sebraecanvas.com/#/

Sebraetec - O Programa Sebraetec oferece serviços especializados e customizados para implantar soluções em sete áreas de inovação. http://goo.gl/kO3Wiy ALI - O Programa Agentes Locais de Inovação

(ALI) é um acordo de cooperação técnica com o CNPq, com o objetivo de promover a prática continuada de ações de inovação nas empresas de pequeno porte. http://goo.gl/3kMRUh

- FIM -